Thors Hammer

Thors Hammer

Mythen, Überlieferungen
Volksglaube

Baron Árpád von Nahodyl Neményi

Altheidnische Schriften

Books on Demand GmbH, Norderstedt

Buchbeschreibende Angaben der Deutschen Nationalbibliothek:
Die Deutsche Nationalbibliothek verzeichnet diese Veröffentlichung in der Deutschen
Nationalbibliographie; genauere buchbeschreibende Angaben sind im Weltnetz
über www.dnb.de abrufbar.

**Herstellung und Verlag: BoD – Books on Demand, Norderstedt
ISBN 978-3-7504-1389-4**

Inhalt

Vorwort

Kein anderes Symbol ist so bekannt und steht so eindeutig für die heidnische Religion der Germanen, wie der Hammer des Gottes Thor (südgermanisch: Donar). Zwar gab es im vergangenen Jahrhundert auch den Versuch, die „Irminsul" (ihre Reste stehen heute im Dom zu Hildesheim) als Zeichen neuheidnischer Gemeinschaften zu etablieren, doch konnte sich dieser Versuch insgesamt nicht durchsetzen. Auch fehlt diesem Symbol die entsprechende Tradition, denn zwar verehrten zumindest die Sachsen eine derartige Säule kultisch, doch nirgends ist sie bzw. ihr Abbild als darüberhinausgehendes Zeichen der heidnischen Religion in Verwendung gekommen. Die „Irminsul" stand und steht für eine Gottheit („Irmingot") und für den Mythos einer die Himmelskuppel tragenden Weltsäule, aber nicht für das Heidentum allgemein, wie der Hammer Thors.

Spätestens seitdem die Germanen mit dem Christentum und ihren Vertretern in Verbindung kamen und sich mit ihrer eigenen Religion in einem Vergleich mit dem Christentum messen mußten, wurde auch der Hammer Thors zu einem allgemeinen Zeichen des Heidentums. Diese Bedeutung hatte er einige Jahrhunderte früher sicher noch nicht; es gab andere Symbole, die möglicherweise als Symbole der heidnischen Religion betrachtet wurden, wie z. B. der „Valknoter" als Zeichen Walhalls. Allgemein aber war ein Zeichen für die Religion gar nicht nötig, weil es nur eine einzige Religion, das Heidentum, gab. Diese wurde auch nicht „Religion" genannt, sondern man sprach von der „Sitte" der Vorfahren, vom „alten Glauben" oder vom „eigenen Glauben". Eine Bezeichnung wurde erst nötig, als man auf die andere, die christliche Religion stieß und beide voneinander unterscheidbar sein sollten.

Der Gott Thor (Donar) ist nicht der höchste Gott der Germanen, sondern der Sohn des höchsten Gottes Odin (Wodan). Aber Thor als Gott der Landwirte war und ist teilweise bei den Menschen beliebter als Odin, der eher ein Gott der Krieger und Adeligen ist. Dem Bauern, der sich mit den Widrigkeiten der Witterung herumschlagen mußte, stand Thor näher als der Gott der Schlachten, des Todes und des Lebens, der Weisheit, Odin.

Unsere Hauptüberlieferungen über die Götter sind die beiden Eddas, die Jüngere Edda und die Ältere Edda mit ihren Götter- und Heldenliedern, zwei Bücher aus dem Norden, die im 11.und 12. Jh. aufgeschrieben wurden und aus denen ich hier zitieren werde. Ich habe die Jüngere Edda und die Götterlieder der Älteren Edda im Jahre 2017, die Heldenlieder der Älteren Edda im Jahre 2018 in zweisprachiger Ausgabe (altnordisch und deutsch) herausgebracht (siehe Buchliste auf der vorletzten Seite).

In diesem Buche will ich die stärkste Waffe der Götter gegen die Riesen vorstellen und alles, was es dazu zu sagen gibt zusammentragen, nämlich den Hammer des Gottes Thor. Denn es ist uns relativ viel erhalten, von einigen Mythen, Volksbräuchen, bis zu Fundstücken von Nachbildungen dieser Waffe. Die Tradition ist uralt und indogermanisch, wie ich gleichfalls aufzeigen werde.

Baron A. v. Nahodyl Neményi

Kapitel 1

Der Hammer Mjöllnir

»*Thor hat zwei Böcke, sie heißen Tanngnjostur und Tanngrisnir, und einen Wagen, worin er fährt. Die Böcke ziehen den Wagen: Darum heißt er Ökuthor [Wagen-Thor]. Er hat auch drei Kleinode: Den Hammer Mjöllnir, den Hrimthursen und Bergriesen kennen, wenn er geschwungen wird; was nicht zu verwundern ist, denn er hat ihren Vätern und Freunden manchen Kopf damit zerschlagen. Sein anderes Kleinod ist der Kraftgürtel, Megingjardir genannt: Wenn er den um sich spannt, so wächst ihm die Asenkraft noch um die Hälfte. Noch ein drittes Ding hat er, in dem großer Wert liegt, das sind seine Eisenhandschuhe: Die kann er nicht missen, um den Schaft des Hammers zu fassen.*«

Wenn wir das Wort „Hammer" in der Edda (Gylfaginning 21) hören, denken wir an einen Holzstiel mit einem Eisenkopf als Hammer, der zum Einschlagen von Nägeln dient. Der Hammer ist uns also zuerst ein Werkzeug. Schon damit liegen wir falsch, denn der Begriff „Hammer" bedeutet ursprünglich „Stein"[1] und erst später „Werkzeug aus Stein". Das altnordische Wort „hamarr" bedeutet nicht nur „Hammer", sondern auch „Stein, Fels, Felsabsturz". Alle germanischen Stämme kennen dieses Wort. Im Schwedischen heißt das Werkzeug „hammare", im Englischen „hammer"; im Althochdeutschen, Mittelhochdeutschen und Niederländischen heißt das Gerät „hamer", und selbst bei den Ostgermanen findet sich der Begriff im Russischen „kámen", „Stein".

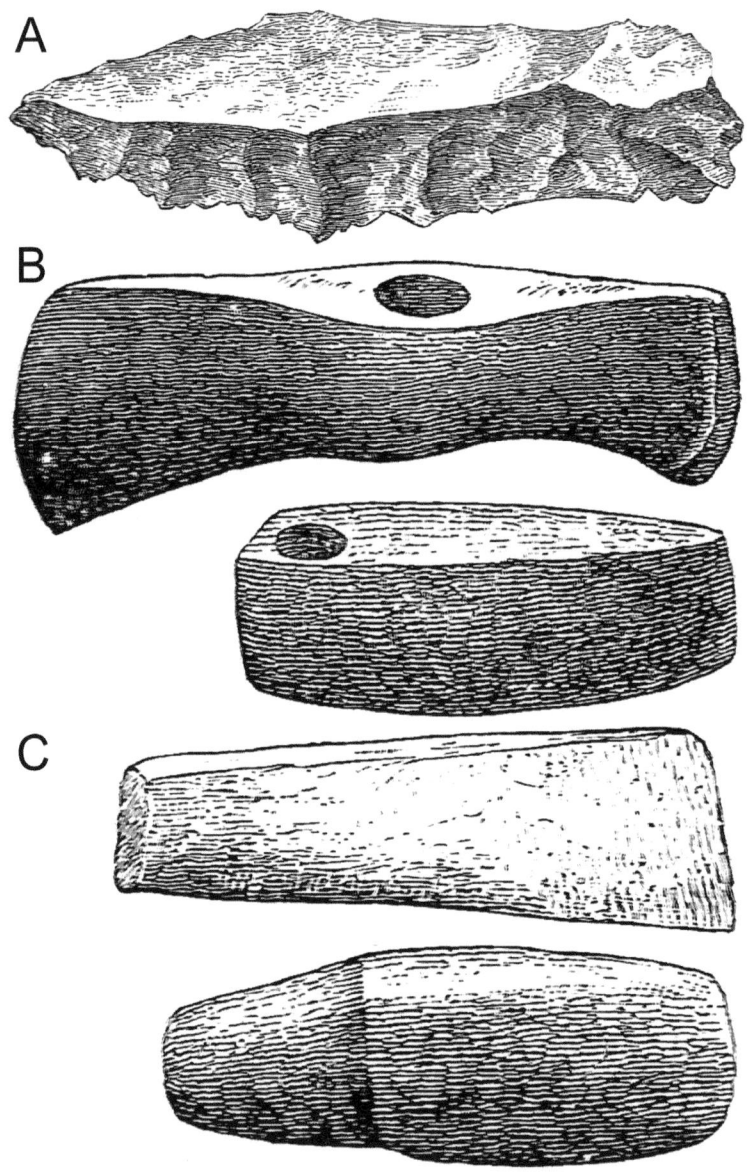

Abb. 1, A: Steinaxt aus der älteren Steinzeit, B: Steinhammer, Jungsteinzeit, C: Steinbeil, Jungsteinzeit.

Ein Hammer war also ursprünglich ein dreikantiges Steinstück, was vom Himmel fiel (Meteorit), dann auch ein Steinstück, das man an einem Holzstiel befestigt hatte. Der „Steinhammer" (das Wort ist eigentlich doppelt, weil „Hammer" ja schon den Stein meint) ist also der ursprünglichste Hammer, den wir heute eher als „Axt" oder „Steinbeil" bezeichnen. Archäologen konnten ja tatsächlich sehr viele Steinstücke aus der Steinzeit finden (Abb. 1), die einst an Holzstielen befestigt waren, die natürlich längst verwittert sind. In der älteren Steinzeit finden wir roh zugerichtete Steinäxte aus Feuerstein, die in eine Y-förmige Astgabel gesteckt und mit Bastseilen fest verschnürt wurden. In der Jüngeren Steinzeit sind es glatt gearbeitete Steinäxte, die für den Holzstiel durchbohrt wurden. Der ursprüngliche „Hammer" war also zuerst das Steinbeil (Nephritbeil) oder die Steinaxt – beide Begriffe (Beil, Axt) wurden vom Volk nicht genau unterschieden und sind auch im Brauchtum identisch, werden in Süddeutschland als „Hacken" (Hack'l) bezeichnet. Wir finden also dieselben Bräuche mit dem Steinbeil, dem jüngeren Bronzebeil, der Eisenaxt bis hin zum Hammer mit Eisenkopf oder dem Holzhammer. Es geht sogar noch weiter: Nicht nur sind Steinbeil und Hammer gleichwertig, auch der Donnerkeil wird genauso verwendet, wie Beil und Hammer. Der Donnerkeil ist ja eine Versteinerung eines prähistorischen Tintenfisch-Körpers (Belemnit) oder in runder Form des Seeigels (Echinet); aber als Donnerkeile zählten im Volke auch die gefundenen bearbeiteten weiteren Steinstücke aus der Steinzeit. Spitzige Quarzsteine werden daher auch „Blitzsteine" oder „Strahlsteine" genannt. In der Mythologie der Edda trägt Thor einen Hammer; in einer Überlieferung aber ist es eine Axt. Auch dies beweist die Gleichsetzung beider Geräte. Die Bauern aus Dithmarschen sagen nämlich bei Gewitter[2]:

»Der Alte fährt wieder einmal am Himmel da oben und schlägt mit der Axt an die Räder«.

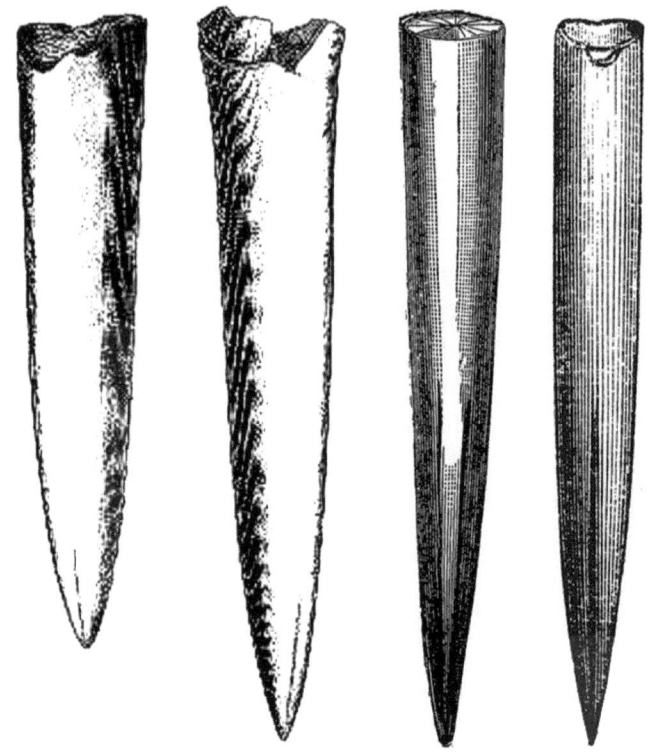

Abb. 2: Donnerkeile (Belemniten).

Der Bezug zum Blitz wird auch durch die Namen der Steinbeile deutlich. In Frankreich heißen diese Stücke (die in der Regel keinen Stiel mehr haben) „pierres de foudre" (Blitzsteine) oder „pierres de tonnerre" (Donnersteine), im Elsaß „Donneräxte", „Donnerbeile", „Donnersteine" oder „Strahlsteine", in England „thunderbolts". Der Name „Donnerkeil", schwedisch „Thorviggar", vestgötländ. „Thorskäjl", deutsch „Hämmerlein", „Hämmerle" „Dunnerpiel" „Teufelskegel" oder „Grummelstein" bezeichnet sowohl Steinbeile, als auch die Versteinerungen des jura- und kreidezeitlichen Tintenfisch-Körpers, des „Belemnits", was griechisch „das Geschleuderte", „Geschoß" und „Blitz" bedeutet (Abb. 2). Diese Belemniten sind cigarrenförmig; die versteinerten See-Igel (Echineten = Seeigel) hingegen sind kugelförmig und erinnern damit an Kugelblitze, gelten aber auch als Hinterlassenschaften des Blitzes.

Es gibt verschiedene Sagen über das Gewitter und den Donner. So entsteht der Donner durch das Werfen von Kugeln, die gelegentlich auf die Erde herabfallen – die runden Versteinerungen, weiße Kieselsteine oder Quarzkieselsteine (weil sie Funken geben). Der Gott Thor schleudert während des Gewitters feurige Kugeln über die Himmelsbahn. Das Gewitter wird als Spiel der Götter mit Steinen oder Kugeln gedeutet, und dort, wo die Himmelskuppel ein Loch hat, können Kugeln auf die Erde als Blitz fallen. Oder es heißt, daß die Götter im Himmel kegeln, wobei der Blitz ein vom Himmel herabgefallener Kegel sein soll. Tatsächlich sind die drei Begriffe „Kugel", „Keule" und „Kegel" etymologisch verwandt.

Nach dem Volksglauben schlägt Thor mit dem Stahl aus dem Feuerstein die Blitzfunken, Er schleudert auch den Feuerstein selbst als Blitz. Oder Thor sendet während des Gewitters den Donnerkeil mit dem Blitz in den Boden. Der Stein gelangt neun Fuß unter die Erdoberfläche, von wo er allmählich nach oben herauswächst. Er braucht neun Jahre, um wieder auf die Oberfläche zu rücken, steigt also jedes Jahr eine Meile aufwärts, so daß er im 9. Jahre so weit oben ist, daß ihn ein Hahn ausscharren kann. Im Eddalied Thrymsqvida ist der vom Riesen gestohlene Hammer in gleicher Weise neun Rasten tief unter der Erde. Die Entstehungssage der Donnerkeile und Flintsplitter als Überbleibsel des Blitzschlages von Thor findet ihre genauere Beschreibung in der Edda (Bragerœður 8), wo Thor mit dem Riesen Hrungnir einen Zweikampf ausfechtet. Der Riese schleudert seinen großen Schleifstein nach Thor; der Gott wirft den Hammer, und der Schleifstein zersplittert in Tausende

Bruchstücke; eines aber bleibt in Thors Haupt stecken. Diese Bruchstücke hatten direkte Berührung mit Thors Hammer und gelten uns daher als geheiligt und mit Zauberkraft geladen; es sind die Donnerkeile, Kieselsteine und Steinäxte. Bei den steinzeitlichen Steinaxt-Köpfen kommt hinzu, daß sie meist aus Flintstein (Feuerstein) bestehen, der nicht nur hart und scharfkantig ist, sondern auch aseptische Wirkung hat. Man konnte mit spitzen Flintsplittern sogar Operationen durchführen, z. B. die Trepanation des Schädels. Und im Flint- wie im Quarzkieselstein ruht der Funke für das Feuer, das man mit ihnen schlägt, denn Thors Blitzhammer hat die Steinstücke mit dem Blitzfeuer gefüllt. Flintsteine kommen aber nur in Nord- bis Mitteldeutschland vor, fehlen in Süddeutschland.

Das Steinstück in Thors Haupt stellten die Lappen auch dar, indem sie den Donnergott (Horagalles) mit einem Steinstück am Haupte abbildeten (Abb. 3). Nach ihrer Erklärung dient es dazu, daß der Gott damit Feuer schlagen kann.

In diesem Buche beziehen sich alle Bräuche und Glaubensvorstellungen also auf alle diese Dinge (Beil, Axt, Hacke, Donnerkeil, Seeigelversteinerung, Keule, Kugel und Hammer) in gleicher Weise, die ich als „Hammer" oder „Donnerstein" zusammenfasse. Nur wenn ich eine andere Bezeichnung verwende, bezieht sich der Brauch speziell nur auf das bezeichnete Gerät. Wenn also vom „Donnerkeil" die Rede ist, sind nur die Versteinerungen und die Steinbeil-Bruchstücke gemeint; schreibe ich „Hacke", bezieht sich der Brauch nur auf Beile und Äxte, wie wir sie kennen (mit hölzernem Stiel).

Von Anfang an war der Hammer eine Waffe, denn Metallnägel zum Einschlagen gab es noch nicht. Es gab zwar Holznägel; um diese aber in gebohrte Löcher einzuschlagen, mußte man Holzkeulen nehmen; Steinhämmer wären viel zu fest und würden die Nägel

Abb. 3: Der Donnergott Horagalles Steinstück im Haupt. Picart 1724.

beschädigen. Steinbeile allerdings nahm man, um Bäume zu fällen oder zu entrinden. Nirgends nutzt aber der Gott Thor den Hammer, um irgendeine Arbeit auszuführen. Allein als Waffe und zur Weihe (was den Hammer auch als Waffe, aber gegen Dämonen, einsetzt) wird der Hammer im Mythos genutzt. Erst in einer jüngeren nordischen Sage steigt Thor als Bergschmied mit Hammer und Zange aus dem Berge, nutzt den Hammer also als Werkzeug[3].

15

Wie die meisten Waffen hat der Hammer des Gottes Thor einen Namen, was ihm auch eine Art Wesenheit zubilligt. Der Hammer heißt „Mjöllnir". Dieses Wort bedeutet „Malmer" oder „Zermalmer" und ist mit unserem Wort für „Mühle" und „mahlen" verwandt. Die indogermanische Wurzel lautet *(s)mel- „zerreiben, zermahlen, mahlen" und hat alte Wurzeln. So ist auch das griechische myle (Mühle) oder das lateinische molina (Mühle), molere (mahlen) und mola (Mühlstein) verwandt. Wie alt der Begriff ist, sehen wir auch daran, daß zahlreiche deutsche Wörter damit verwandt sind, wie Mehl, Müll, Schmalz, schmelzen, Emaille, malmen, mollig, mulmig, mild, Malter, Milbe, Melter, Malz und Milz.

Der Name des Hammers ist also ein uraltes Wort, das sich schon 5000 Jahre zurückverfolgen läßt.

Die Wesenheit, die der Hammer durch seinen Namen „Mjöllnir" erhalten hat, erkennen wir am besten, wenn wir uns den wendischen Blitzgeist „Molina" ansehen. Molina symbolisiert den Blitz, und es ist nur der Name des Hammers in ostgermanischer (eigentlich lateinisch veränderter) Version. Auch im Russischen bedeutet Молния (molniya) den Blitz, ml'nija, mljeti = zusammenreiben.

Damit ist auch eine Interpretation des Hammers von Thor bereits gegeben: Der Blitz. Diese Deutung wird auch von einer Stelle in den Bragerœður 8 unterstützt, wo Thor und Hrungnir einen Zweikampf ausfechten wollen. Hrungnir ist am Kampfplatz, Thor fährt in Seine Asenstärke, und es gibt Blitze und Donner (die Geschichte behandele ich auf S. 55f noch weiter):

»Alsbald sah er Blitze und hörte lautes Dröhnen. Dann sah er Thor in seinem Asenzorn, der kam gewaltig daher, schwang den Hammer und schleuderte ihn aus weiter Entfernung gegen Hrungnir.«

Auch die „Amazonenaxt" ist ein Symbol Thors. Im Angelsächsischen Gedicht Salomo und Saturn heißt es, der Thunar (Thor) kommt mit einer feurigen Axt; Wodan haut dessen Beil, den Blitz, in den Eichstamm[4]. In jüngeren Sagen wurden oft die Zuständigkeiten der Götter verwechselt und waren nicht mehr recht bekannt. Viele Orte in Germanien sind nach dem Hammer oder in der Bedeutung des Wortes als „Stein" benannt, so Hammerfest, Hammarby, Osthammar, Hammerstein, Hamburg (Hammaburg, 808 Hochbuke = Waldburg? hamme = Wald, auch: Stamm der Chamavi) Kammin (in der Knytlinga Saga: Steenborg; wend. kamen = Stein), Kamenz (Sachsen, früher: kamiencz von „Stein", Burg auf schroffem Stein), Camenz (kamien = Stein), Chemnitz (Kemnitz, 1143 Kameniz, wendisch kamjen = Stein; am Flüßchen Kemnitz = Steinbach gelegen), Caminchen (Kamenig).

Es ist möglich, daß unter diesen Ortsnamen auch einige sind, die sich auf einen kultisch verehrten Hammer beziehen, doch wird wohl in den meisten Fällen einfach eine steinerne Befestigung bezeichnet sein.

Der Chronist Adam von Bremen (gest. 1085) beschrieb in seiner Hamburgischen Kirchengeschichte das Hauptheiligtum von Upsala und darin die drei Götterbilder von Odin, Thor und Frikko (= Freyr). Über Thor schrieb er[5]:

»Jetzt wollen wir von dem Aberglauben der Schweden einiges sagen. Dieses Volk hat einen sehr berühmten Tempel, der Ubsola heißt und nicht weit von der Stadt Sictona liegt. In diesem Tempel, der ganz mit Gold geschmückt ist, betet das Volk die Bildsäulen dreier Götter an, und zwar so, daß der mächtigste von ihnen, Thor, mitten im Gemach seinen Thron hat; rechts und links sitzen Wodan und Fricco. Die Deutungen derselben sond folgende: „Thor", sagen sie, „hat den Vorsitz in der Luft, er lenkt Donner und Blitz, gibt Winde und

Abb. 4: 7 cm große Bronzefigur Thors aus Island, 10. Jh.

Regen, heiteres Wetter und Fruchtbarkeit (…)" Thor aber scheint mit seinem Zepter den Jupiter vorzustellen (…) Wenn Pest und Hungersnot drohen, wird dem Götzen Thor geopfert.«

Hier legt Adam von Bremen dem Gott Thor ein Zepter bei, statt den Hammer zu erwähnen. Es gibt dafür nur drei mögliche Gründe: Entweder, Adam wollte Thor irgendwie mit Jupiter gleichsetzen, oder er wollte den Hammer, der ja ein sehr bekanntes und beliebtes Zeichen der Heiden war, verschweigen, oder aber, er erkannte den Hammer nicht als Hammer. Ich vermute letzteres. Die Götterbilder von Upsala waren weit berühmt, und es ist anzunehmen, daß Heiden in Upsala auch kleine Nachbildungen derselben erwerben konnten, wie es ja im Christentum bis heute geschieht. Da nun auf Island so eine kleine Nachbildung in Bronze aus dem 10. Jh. gefunden wurde (Abb. 4), kann man sich in etwa vorstellen, wie das Original von Upsala aussah. Die Nachbildung läßt den Bart Thors in einem kreuzförmigen Hammer auslaufen, und ein Mensch, der nichts vom Hammer des Gottes weiß, könnte das Gebilde durchaus als Zepter mißdeuten, wie es Adam tat. Ein weiteres, ähnliches Bild des Thor (ohne Hammer) aus rotem Bernstein (Rot ist die Farbe des Gottes Thor) wurde in Dänemark gefunden.

Aus Foss, Island, stammt außerdem ein 5 cm langes silbernes Thorshammeramulett des 10. Jh., welches auch einen kreuzförmigen Hammer mit einem Wolfs- oder Drachenkopf am oberen Ende zeigt, dessen Maul die Öse zum Aufhängen bildet (Abb. 5). Man hat versucht, diesen Thorshammer als Zwischenstück zwischen Hammer und christlichem Kreuz zu deuten, doch die Beschreibung von Adam von Bremen und die kleine Thorsfigur aus Island sind Zeugnisse dafür, daß es auch kreuzförmige heidnische Thorshämmer gab, so daß die Annahme eines Thorshammers für „gemischten Glauben" nicht zutreffen muß.

Abb. 5: Isländischer Thorshammer.

Auch der lappische Donnergott Horagalles wird zuweilen mit einem kreuzförmigen Hammer dargestellt, ohne daß ein christlicher Einfluß vorliegt.

Wie verbreitet die Vorstellung von Thors Hammer im Volke teils noch heute ist, zeigen die folgenden Redewendungen:

>>*Der Hammer schlage dich!*<<
>>*Dat di de Hamer slâ!*<<
>>*daß dich der Hammer schlag, ein großer Hammer schlag!*<<
>>*verhamer dür.*<<
>>*bim dummer Hammer.*<<
>>*Donnerstag! Bim Hamer!*<<
>>*dat di de Hamer!*<<
>>*i vor dem Hamer!*<<
>>*De Hamer sla!*<<
>>*dat is en Hamer, en hamersken Kerl.*<<
>>*De Hamer kennt se all!*<<
>>*Hemmerlein.*<<
>>*Meister Hämmerlein.*<<
>>*Bi Vids morkel Hamer!*<<
>>*Potz dummer hammer.*<<
>>*Du dummer hammers hex.*<<
>>*Bi gods hêlege steenen.*<<
>>*Bi de godsige steenen.*<<
>>*Donnerkeil!*<<
>>*Dunnerkil!*<<

Alle Mythologen deuteten den Hammer als Symbol des Blitzes, Thor als Gewittergott. Es muß aber darauf hingewiesen werden, daß Thor nicht identisch ist mit dem Gewitter, der Hammer nicht mit dem Blitz. Vielmehr sind Gewitter und Blitz Symbole aus unserer stofflichen Welt für eine Kraft und Wesenheit einer viel höheren Welt. Der Mensch der Vorzeit erkannte diese Kraft und Wesenheit durch Visionen, Meditation, Utiseta („Außensitzen") oder Offenbarung und ordnete Ihr Gewitter und Blitz zu, um Sie irgendwie zu beschreiben, weil er in Gewitter und Blitz genau die Wirkung erkannte, für die diese Wesenheit in der höheren Welt steht. Thor ist ein Gott der Kraft und Stärke, und im Gewitter offenbart sich auch Kraft, daher ordnete man das Gewitter dieser Gottheit zu, ohne eine Identität von Gottheit und Gewitter zu behaupten. Tatsächlich unterscheiden ja auch die Mythen beides: Thor fährt Seinen Wagen, und nicht Thor selbst, sondern das Fahren des Wagens über den Himmel erzeugt den Donnerschall, Thor wirft Seinen Hammer und dabei erscheint ein Blitz – der Hammer ist also nicht mit dem Blitz identisch, sondern erzeugt ihn nur durch seinen Flug. Die Kraft des Gottes finden wir auch z. B. in dem Planeten Jupiter oder der Farbe Rot vertreten, ohne daß deswegen der Jupiter mit dem Gewitter oder die Farbe Rot mit dem Jupiter etwas zu tun haben muß. Die Unterscheidung von einer Wirkung auf unserer Erde und einer Gottheit in höheren Welten war und ist Bestandteil des heidnischen Glaubens.

Und natürlich sind auch noch andere Deutungen möglich und vielleicht auch zutreffend, denn Mythen kann man bekanntlich auf verschiedenen Ebenen deuten. Sogar der Gründer der Anthroposophie, Rudolf Steiner, versuchte sich an einer Deutung[6]:

»Nun wissen wir, daß das Ich im Blute des physischen Leibes pulsiert, und es entspricht jedem Inneren ein Äußeres, jedem Mikrokosmischen ein Makrokosmisches. Die Arbeit des Sprachen- und Runenweisheit gebenden Odin, der auf einem weiten Umweg durch das Atmen wirkte, entspricht draußen im Makrokosmos die Windesbewegung. Dem regelmäßigen Eindringen der Luft durch unsere Atmungsorgane, welche die Umformung der Luft zu dem Wort, der Sprache bewirken, dem entsprechen draußen im Makrokosmos die Bewegungen, die Strömungen im Winde. Ebenso wahr, wie wir das Walten des Odin in der Umgestaltung der Luft zu den Worten in uns selber empfinden, ebenso wahr müssen wir ihn draußen im Winde walten und wirken sehen. Das aber

hat derjenige, der noch die alten germanisch-nordischen Fähigkeiten besaß, zu denen besonders ein gewisser Grad von Hellsichtigkeit gehörte, wirklich gesehen. Der hat überall Odin im Weltenwind walten gesehen, hat ihn gesehen, wie er durch seinen Atem die Sprache formte. Das sah der nordische Mensch als eine Einheit. So wie das, was in uns lebt und die Sprache organisiert – das heißt so, wie bei der nordischen Organisation die Sprache war – , hindurchdringt in das Ich und die Pulsation des Blutes bewirkt, so entspricht dem, was sich da als Sprache hineinorganisiert, draußen im Makrokosmos der Blitz und der Donner. Die Sprache ist eher da, als das Ich geboren ist. Daher wird das Ich überall als der Sohn derjenigen Wesenheit empfunden, welche die Sprache gibt. An der Einprägung in das einzelne Ich ist insbesondere Thor beteiligt, und was dem Vorgange im Makrokosmos entspricht, ist im Mikrokosmos die Pulsation des Blutes. Was also draußen im Makrokosmos der Pulsation des Blutes im Menschen entspricht, das ist dasjenige, was als Blitz und Donner durch die wehenden Winde und webenden Wolken geht. Das aber sieht wiederum der germanisch-nordische Mensch in seinem Hellsehen als eine Einheit, und er sieht das Wehen des Windes, das Zucken des Blitzes draußen in innigem Zusammenhang mit dem Weben der von ihm eingeatmeten Luft. Er sieht, wie sie ins Blut übergeht und da das Ich pulsieren macht. Das wird heute als ein materieller Vorgang angesehen, war aber noch ein astralischer Vorgang bei dem germanisch-nordischen Menschen. Der sah die innige Verwandtschaft des Feuers, des Blitzes mit dem, was durch das Blut geht. Er fühlte den Pulsschlag in seinem Blute und wußte: Das ist der Schlag des Ich; wußte: Das, was da schlägt, spüre ich und spüre nach einiger Zeit wieder. Aber den äußeren, materiellen Vorgang beachtete er nicht. Das alles war in hellseherische Empfindung gekleidet. Er empfand das, was den Pulsschlag bewirkt und ihn immer wieder an dieselbe Stelle zurückgehen läßt, als Thors Tat. Als das Immer-wieder-Zurückkehren des Hammers des Thor in die Hand des Thor fühlte er in seinem Ich die Thor-Kraft, die Kraft eines der mächtigsten Engel, die überhaupt jemals verehrt worden sind, weil er eine mächtige Wesenheit war, die angesehen wurde als stehengeblieben auf der Stufe des Engeltums.«

Kapitel 2

Verwandte Mythologien

Vedisches Indien.

Unserem Gott Donar-Thor entspricht im vedischen Indien der
Gott Indra („stark, mächtig"). Indra ist Gewittergott und als Re-
genspender auch Fruchtbarkeitsgott; er ist Gott des Himmels und
galt in der vedischen Zeit (vor etwa 5000 Jahren) als höchster Gott
neben Dyaus und Rudra.

Indra ist Sohn des Gottes Dyaus und der Göttin Prithivi, Bruder
von Agni und Surya. Seine Gemahlin ist Indrani, die Königin des
Himmels, die auch Shaci (Satschi), Aindra oder Paulomi heißt. Sie
ist berühmt wegen ihrer goldenen Haut und starken Sinnlichkeit.

Indra wird auch Sahasraksha („Tausend Augen") genannt, da er mit
ihnen das ganze Universum mit einem Blick erfassen kann. Mit seinen langen Armen kann er den Himmel umfassen. Er lebt auf dem
goldenen Berg Meru im Garten der Freude, Nandana, mit denjeni-
gen Seelen, die ein verdienstreiches Leben geführt haben. Amara-
wati heißt Indras himmlische Stadt, Wardschayanta sein Palast.

Indras Farbe ist golden oder rötlich, er fährt einen von braunen
Pferden gezogenen Streitwagen. Indra führt Krieg gegen die bösen
Dämonen; doch besonders berühmt ist sein Kampf gegen Vritra
(„Umringung, Einschließung" und später auch allgemein „Feind"),
der auch Ahi („Schlange") heißt, den Dämon der Dürre und des
Todes. Indras Waffen sind der Bogen, den man im Regenbogen

materialisiert sieht, das Netz und Anka oder der Haken. Seine berühmteste Waffe aber ist der Vajra („hart, mächtig") bzw. Dorje („König der Steine"), mit dem er den Vritra tötet und der zweifellos dem Hammer Donars entspricht und auch Svarus („Himmel, Sonne") heißt. Ursprünglich handelt es sich um eine Wurfkeule, später wurde die Waffe als ein Blitzbündel dargestellt, zuletzt wurden die Blitz-Enden zusammengeführt zum bekannten „Donnerkeil" (Abb. 6), manchmal werden zwei dieser Donnerkeile überkreuz verwendet.

Den Vajra stellt man sich im Hinduismus aber auch kreisförmig vor, wie eine Scheibe, die in ihrer Mitte ein Loch hat und sich dreht, wenn sie geworfen wird. Dabei schießen laufend Blitze aus ihr heraus, so daß man sie als ein Feuerrad darstellt, welches Blitze versprüht.

In der Darstellung als Scheibe werden die Blitze in vier Richtungen weisend wie stilisierte Flügel dargestellt, zuweilen wird die Scheibe weggelassen, so daß ein Kreuz aus vier Dreizacken vorhanden ist, von denen jeder in drei Flammenklingen ausläuft[7]. Der Vajra wird geworfen, um Blitze und Donner zu erzeugen und die Dämonen zu töten oder Sünder zu bestrafen. Die Darstellung erinnert an das Hakenkreuz als Darstellung des fliegenden Hammers Thors (siehe Kap. 7).

Drei der indischen Ribhus (Alben, Naturgeister) schaffen in einem Wettstreit das Wasser, das Feuer und das „Geschoßschleudernde", also den Blitz, welcher dem Indra gegeben wird und den Wettstreit der Schmiede gewinnt.

Abb. 6: Vajra. Dennoch muß eine Aufspaltung der ursprünglichen Funktionen des Gewittergottes schon im vedischen Indien festgestellt werden, denn neben Indra gibt es dort den Gott Parjanya („Regen"), der in der Rigveda in drei Hymnen als Beschaffer der Wolken gepriesen wird. Später aber wurde Parjanya mit Indra wieder identifiziert.

In dem Rigveda (I, 32) wird ein Kampf Indras so erzählt:

>*»1. Indras Heldentaten will ich verkünden,*
die ersten, die des Vajra Herr getan hat.
Die Schlange hat er geschlagen,
den Wassern hat er Bahn gemacht,
der Berge Bauch hat er gespalten.

2. Die Schlange hat er geschlagen,
die auf dem Berge lag.
Tvastar hat ihm den sausenden Vajra geschmiedet.
Wie brüllende Kühe eilten die Wasser;
stracks gingen sie hinab zum Meere.

3. Gierig wie ein Stier
erwählte er sich den Soma;
in den Trikadruka's
trank er vom Ausgepreßten.
Der Gabenreiche ergriff das Wurfgescoß,
den Vajra; er erschlug ihn
den Erstgeborenen der Schlangen.

4. Als du ihn schlugst, Indra,
der Schlangen Erstgeborenen,
als du der Kunstreichen Künste tilgtest,
die Sonne erzeugend,

Himmel und Morgenröte,
da hast du fortan keinen Feind gefunden.

5. Indra erschlug den Vrtra,
den größten Feind, den Schulterlosen
mit dem Vajra, seiner großen Waffe.
Wie Baumstämme,
die mit der Axt gefällt sind,
liegt die Schlange platt auf der Erde.

6. Wie ein trunkener Schwächling
forderte Vrtra den großen Helden heraus,
den gewaltigen Kämpfer, den stürmenden.
Er hat den Anprall seiner Waffen nicht ausgehalten;
der Nasenbrecher wurde zerschmettert,
als er in Indra seinen Meister fand.

7. Ohne Hand und Fuß
kämpfte er gegen Indra.
Der schleuderte ihm den Vajra in den Rücken.
Der Verschnittene,
der dem Bullen gewachsen sein wollte,
der Vrtra lag zerstückelt an vielen Stellen da.

8. Über ihn,
der wie geschnittenes Rohr nur so dalag,
gingen aufsteigend
die Gewässer des Manu hinweg.
Die ein Vrtra in seiner Größe
umlagert hatte,
zu deren Füßen lag die Schlange.

9. Abwärts ging da ihr Leben,
die den Vrtra geboren.
Indra schleuderte die Waffe auf sie herab.
Oben lag die Gebärerin, unten der Sohn.
Danu lag wie eine Kuh
mit dem Kalbe.

10. Mitten in den Stromesbahnen,
die nicht Ruhe noch Rast kennen,
liegt sein Leib.
Vrtras Geheimstes durchziehen die Wasser.
In ewige Finsternis sank er,
des Feind Indra war.

11. Die des Dasa (Vrtra) Gattinnen geworden,
die schlangenbewachten Wasser
weilten in der Gefangenschaft
wie die Kühe beim Pani.
Die Öffnung der Wasser, die verschlossen war,
die hat er aufgetan der Vrtra schlug.

12. In ein Roßhaar verwandeltest du dich da,
Indra, als er dich gegen die Zacke schlug.
Der einzige Gott erobertest du die Kühe,
du erobertest, o Held, den Soma;
du ließest die sieben Ströme frei,
daß sie laufen.

13. Nicht hat ihm Blitz und Donner geholfen,
nicht Nebel und Hagel, den er ausstreute.
Als Indra und die Schlange kämpften,
da hat der Schätzespender

den Sieg gewonnen
auch für künftige Zeiten.

14. Was für einen Rächer der Schlange
hast du gesehen, Indra,
als Furcht deinem Herzen nahte,
da du sie getötet,
als du über die neunundneunzig Ströme
wie ein geschreckter Adler durch die Lüfte eiltest?

15. Der den Vajra im Arme hält,
Indra ist König von allem was fährt
und was zur Ruhe eingekehrt ist,
vom Ungehörnten und vom Gehörnten.
Er herrscht als König über die Völker.
Wie der Radkranz die Speichen hält er alles umfaßt.«

Heldenhaft erscheint hier Indra, die Einzelheiten des Kampfes werden nicht weiter ausgemalt. Aus anderen Vedastellen erfahren wir, daß der Gott Vishnu dabei war und die Maruts sie begleiteten. Indra hatte sich zuvor Heldenkraft mit dem Soma angetrunken. Durch die Erschlagung des schlangengestaltigen Dämons der Dürre, Vrtra, entstehen auch die Sonne, der Himmel und die Morgenröte.

Im heutigen Hinduismus hat Indra nur noch geringe Bedeutung; Er ist durch Vishnu ersetzt, der ursprünglich ein Gefährte Indras war.

Iran.

Hier ist es der Gott Mithra, der mit dem kurzstieligen Hammer oder Axt „Wadschra" (= Vajra) gegen Wurthra (= Vrtra) kämpft.

Antike Mythologie.

In der antiken Mythologie entspricht dem Indra und dem Donar der Gott Jupiter bzw. Zeus („Ziu-Piter", „Zeus-Vater"). Dieser Gott wurde als höchster Gott, als Lichtgott (Beinamen: Lucerius, Lucetius) und Herr über die Natur, namentlich als Herrscher über Blitz (Fulgurator, Fulminator), Donner (Tonans, Tonitrualis) und den Regen (Imbricitor, Pluvius) verehrt. Als König der Götter ist er auch Schirmherr von Recht, Wahrheit und Treue, Herr des Himmels, des Sieges (Victor) und allen Heils. Er besitzt ein von Hephaistos geschmiedetes Blitzbündel, Fulgur genannt. Fulgora ist die dem Blitz vorstehende Göttin. In der Ikonographie wird Jupiter meist mit dem Blitzebündel in der rechten Hand und einem Zepter in der linken Hand dargestellt (Abb. 7).
Dem Jupiter Fulgur entspricht der griechische Zeus Keraunos. Nach Hesiod verfertigten und schenkten drei Cyclopen, Brontes, Steropes und Arges dem Zeus den Donner, Blitz und Donnerkeil, mit denen er die Titanen besiegt und über Menschen und Götter herrscht.

In der antiken Mythologie ist aber die ursprüngliche Funktion des Donnergottes bereits in drei Gottheiten geteilt. Während der Gott Donar/ Thor bei den Germanen noch alle Hauptfunktionen, Gewitter mit Blitzen und Kraft beinhaltet, vertritt in der antiken Mythologie der Gott Jupiter/ Zeus die Funktion des Gewitters und der Blitze, während Hercules/ Herakles die Funktion der Stärke übernommen hat. Statt des Blitzebündels hat Hercules die Keule. Prof. R. Simek vermutete, daß der Hammer des Gottes Thor aus kleinen römischen Herculeskeulen, die man als Amulette trug, entstanden sein soll. Dies kann aber nicht stimmen, da man schon auf einer der Platten des Steinkistengrabes von Anderlingen (Museum Hannover) drei tanzende Gottheiten sieht, darunter in der Mitte eine Gottheit mit Axt oder Hammer (Abb. 8). Dieses Grab wird in die ältere Bronzezeit datiert (Periode II). Schon damals hatten die Axt oder der Hammer also bei uns eine besondere Bedeutung.

Auch der Schmied der Götter Hephaistos hat einige Züge des Gottes Donar übernommen, insbesondere den Hammer als Schmiedehammer. Er schmiedet damit auch dem Jupiter die Blitze. Hephaistos hat geschmiedete Gehilfinnen und lahmt, was an den eddischen Schmied Wieland (Völundr) erinnert, dem von König Nidudr die Beinsehnen zerschnitten wurden, so daß er nicht laufen konnte. Doch gibt es ansonsten keinen weiteren Hinweis auf Wieland als Vertreter des Donnergottes. Auch die Funktion des Donar/ Thor als Schmied kommt in den Eddamythen nicht vor, nur andeutungsweise im Volksglauben.

Abb. 7: Jupiter von Smyrna, 2. Jh.

Das Beispiel zeigt, daß in der germanischen Mythologie die ursprünglichste Vorstellung erhalten ist, sowohl im Vergleich zum vedischen Indien, als auch zur antiken Mythologie. Jupiter/ Zeus wurde dort zum höchsten Gott, und da schien der Gedanke, daß dieser Gott als Himmels- und Weltenlenker sich persönlich mit Dämonen im Kampfe auseinandersetzt, unpassend, obwohl auch Jupiters Kampf mit den Giganten (Riesen) bekannt war.

Der Römer Tacitus setzte daher den germanischen Donar mit dem römischen Hercules gleich, nicht mit Jupiter, während die Germanen selbst den Donar immer eher mit Jupiter identifizierten, etwa

als die römischen Wochentagsna-
men durch entsprechende germanische Götternamen ersetzt wurden. Da wurde aus dem Tag des
Jupiter unser „Donarstag", Tag
des Gottes Donar. Dieser Tag
hatte im Volksbrauchtum gleich-
hohe Bedeutung, wie der Sonntag
für die Christen.

Hercules besitzt als Waffe eine
Keule, die er sich selbst kunstvoll

Abb. 8: Grab von Anderlingen.

aus dem Stamme eines wilden Ölbaumes geschnitzt hatte. Diesen
Baum hatte Hercules auf dem Helikon vorgefunden und samt den
Wurzeln ausgerissen. Im römischen Heiligtum Ara Maxima hütete
man als Reliquie eine heilige Keule des Hercules, und kleine Herculeskeulen trug man auch um den Hals als Schutzamulette; außerdem findet sich die Herculeskeule z. B. auf römischen Münzen dargestellt. Auch in Germanien, im römischen Einflußgebiet, wurden
Herculeskeulen gefunden, und zwar meist in Frauengräbern, wes-
wegen man Herculeskeulen-Amulette als Fruchtbarkeitssymbole
gedeutet hat.

*Abb. 9: Cerne Abbas
Gottheit.*

In der englischen Grafschaft Dorset findet
sich auf einem Hügel eine mit Kalk in den
Rasen gebrachte, 66 Meter große männliche
Figur, der „Cerne Abbas Gigant" (Abb. 9).
Sie wird schriftlich zuerst 1694 erwähnt, soll
aber mindestens 3 Jahrtausende alt sein. Die
Figur zeigt eine Gottheit mit großer Keule
in der rechten Hand; was sie einst in der lin-
ken Hand trug, ist nicht mehr sicher. Diese
Gottheit kann Thor (Thunaraz) sein, viel-

leicht auch Hercules, wenn die Figur in der römischen Zeit um 200 entstanden sein sollte. Dann könnte die linke Hand das Fell des erlegten Löwen getragen haben. Wenn sich ein Liebespaar auf dem Phallus liebt, soll es viele Kinder bekommen; Mädchen, die die Figur ablaufen, finden sehr schnell einen Mann.

Samen (Lappen).

Bei den Samen wird der Donnergott „Horagalles" oder „Thoragalles" genannt, was auf den Beinamen Thors, „Torekall" (Thorkall, = Thor Karl) zurückgeht. Die Samen nennen ihn auch „Aijeke" („Großvater, Urgroßvater"), was auf den Thorsbeinamen „Atli" (= Väterchen) zurückgeht. Einige Samen nennen den Gott aber immer noch Thor oder Thoron, auch Tiermes, oder man nennt ihn auch „Aijeke veccera" (= Großvater Hammer).

Horagalles trägt wie Thor ein Stück Feuerstein im Haupte, dazu einen Nagel (siehe Abb. 3, S. 15). Interessant ist, daß Horagalles auch einen Hammer hat; oft wird er auch mit zwei Hämmern dargestellt oder einem Hammer und einer Axt. Horagalles benutzt den einen Hammer, um Blitz und Donner zu erzeugen, und den anderen, um sie wieder einzudämmen, damit der Schaden, der durch das Unwetter entsteht, nicht zu groß wird. In manchen Darstellungen sind es ein Schmiedehammer und ein Hammer in Kreuzform, welche der Donnergott in seinen Händen trägt. Die Swastika (Hakenkreuz) oder das Kruckenkreuz gelten bei den Samen als Zeichen von Horagalles Hammer, was als Übereinanderlegung zweier Hämmer erklärt wird.

Auch die Schlegel zum Schlagen der Schamanentrommeln sind bei den Samen in Form von Hämmern gestaltet. Der Schlag des Hammers tötet und schenkt Leben zugleich; das Schlagen der Trommel symbolisiert den Wechsel von Geburt und Tod und trägt so den

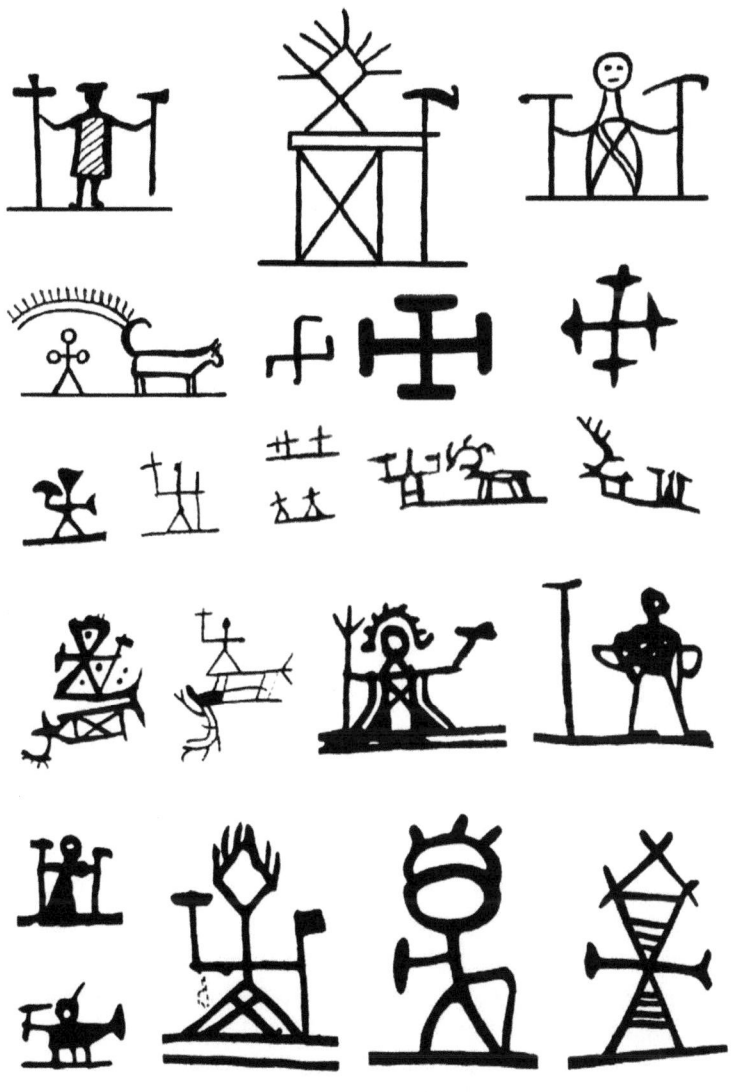

Abb. 10: Horagalles mit zwei Hämmern oder Hammer und Axt in stilisierter Darstellung auf lappischen Zaubertrommeln.

Horagalles Gemahlin heißt Ravdna (finnisch Rauni oder Akka), das bedeutet die Eberesche, die ja auch nach der Edda Thors Rettung war.

Horagalles gebietet nach den Überlieferungen der Samen über den Himmel, Blitz und Donner, das Wetter, den Regen, die Meere, die Seen und über den Regenbogen, der „Aijeke Dauge", „Aijekes Bogen" genannt wird. Damit entspricht dies der indischen Überlieferung. Mit diesem Bogen erschießt der Gott die bösen Geister, welche sich oft in Felsen und auf Bergen, in Feldern und Seen verstecken; oder er erschlägt sie mit seinem Hammer. Wo ein Regenbogen erscheint, dort leuchtet sein Bogen auf, und man sieht dies als ein gutes Zeichen an. Ebenso gebietet Horagalles über die Gesundheit der Menschen, indem er Krankheitsdämonen verjagt, und ebenso über die Regeln und Gesetze des menschlichen Lebens. Er macht durch den Regen die Erde fruchtbar, bringt auf diese Weise Wachstum und Leben. Er bestraft aber auch die Untaten der Menschen.

Finnische Mythologie.

Bei den Finnen heißt der Donnergott „Ukko". Statt des Hammers trägt Ukko zuweilen ein flammendes Schwert. Auch Ukko wird „Väterchen" (Isäinen) genannt, Seine Gemahlin ist Rauni (= Eberesche). Aber auch bei den Finnen ist „Ukko" nicht der einzige Donnergott. Im Volksglauben wurde auch der göttliche Schmied Ilmarien als Wind- und Wettergott verehrt. Ilmarien wird als himmlischer Schmied, der das Himmelsgewölbe und die Sterne geschmiedet hat, besungen. Er gilt als Hersteller des geheimnisvollen „Sampo", welches seinen Besitzern Reichtum und Erfolg verlieh. Man hat im „Sampo" die Wundermühle Grotti der Edda sehen wollen; aber auch mit „sammas" (= Säule) hat man das Wort übersetzt und als finnische Form der Weltsäule (Irminsul), die das All trägt, identifiziert. Ilmarien hat nach den Mythen für die Menschen die Verwendung des Eisens entdeckt und ihnen das Feuer geschenkt. Wie der Gott Donar bildet Ilmarien den Teil einer mythischen Dreiheit, denn neben ihm erscheinen noch Väinämöinen als Entsprechung für Wodan und Lemminkäinen als Vertreter des Gottes Fro (Freyr). Ilmarien schlug am Himmel das Feuer, Väinämöinen schickte es als Blitz ins Meer, wo es im Innern eines Lachses landete, den die Menschen fingen und so das Feuer erhielten. Die Ähnlichkeit zum germanischen Mythos ist auffallend, wo sich der Feuergott Loki in Gestalt eines Lachses verwandelt und so gefangen wird. Deswegen ist das Fleisch des Lachses rot, und eine volksetymologische Verwandtschaft von „Lachs" und „Lux" (lat. Licht) kann mit hineingespielt haben.

Ilmarien schmiedete sich eine Frau aus Gold, nachdem seine eigene Frau gestorben war; das erinnert wiederum an den griechischen Mythos, wonach der Himmelsschmied Hephaistos geschmiedete Frauen als Dienerinnen hatte.

Auch die Gewinnung des ersten Eisens für die Menschen wurde Ilmarien zugeschrieben. In Agricolas Götterverzeichnis (1551) heißt es über Ilmarien:

»Ilmarien machte die Windstille und den Sturm und brachte die Reisenden ans Ziel.«

Auch Thor ist ein Gott der Reisenden, da Er ja häufig in das Reich der Riesen reist, um diese zu bekämpfen. Die Finnen glauben auch, daß der Gott im Winter schlafe (da es keine Gewitter gibt) und Kulte in dieser Zeit keine Wirkung haben würden.

Ostgermanen, Russen.

Bei den als „Slawen" mißdeuteten Ostgermanen ist in den jüngeren Quellen der Name „Perun" überliefert. Man will den Namen in der

Vita des Demetrios von Thessaloniki aus dem 7. Jh. erkennen, wo ein Gott des Namens „Pyrenos" (Pyr = Feuer, „der Feurige") erwähnt wird. In Bulgarien ist im 10. Jh. die Namensfassung „Porun" überliefert. Der Name wird von der Silbe „per-" (lit. perti = Schlagen) abgeleitet, vgl. das deutsche „Peitsche", die durch die Endung „un" verstärkt wird: „Der stark Schlagende", wenn nicht das germanische th-Zeichen (Þ) mit einem P verwechselt wurde und der Name ursprünglich vielmehr Þorun (= Thór) lautete. Die Übersetzungen sind umstritten; man hat den Namen auch von Pierón, Pieron, Piorun (= Blitz, Donner) abgeleitet, was ich unglaubwürdig finde. Eher scheint mir „Perun" nichts weiter, als eine vereinfachte Übernahme des baltischen Donnergottes „Percunas" zu sein, wobei der Name verkürzt wurde.

Attribut des Perun ist die Axt; die Eiche ist ihm geweiht, und bei den Serben heißt die blau-violette sibirische Schwertlilie, die man gegen Blitzschlag in die Gärten pflanzte, „Iris Perunika", Peruns Blume, wobei Perunika dort ein Frauenname ist. Wie alt diese Zuordnung ist (ich finde sie erstmalig 1855), ist ungewiß. Der Regenbogen heißt auch Iris und wird daher mit Perun in Verbindung gebracht. Auch hier ist also eine Übereinstimmung mit dem vedischen Mythos erkennbar. In Estland gilt der Regenbogen als des Donnergottes Sichel.

Pruzzen und Balten.

Bei den Letten heißt der Donnergott Perkons, lit. Perkunas, altpruzzisch Percunis (= Donner). Er gilt als kunstreicher Schmied und fertigt die Waffen für die Dievssöhne und den Schmuck für die Sonnentöchter. Man vermutet einen indogermanischen Gott mit dem Namen *Perkuhnios (von indogerm. *perku Eiche, lat.

quercus) und sieht Verbindungen zum Namen der Erdgöttin Fjörgyn, got. Fairguni „Waldgebirge". In Lettland gilt Perkons als himmlischer Schmied, der auch die Sonne (oder ursprünglich den Sonnenwagen?) geschmiedet hat[8]:

>> *Schleudre Deinen Blitz, o Perkons*
In des Schilfsees tiefste Tiefe!
Sonnentöchter dort ertranken,
Als sie goldne Kannen wuschen.

Schmiedet Himmelsschmied im Himmel,
Fallen Kohlen in die Duna;
Breite, Mädchen, aus dein Wolltuch,
Wirst's voll Silbermünzen haben!<<

Die Litauer überliefern, daß Perkunas einen großen Hammer hat, mit dem die Sonne aus der Gefangenschaft befreit wurde.

Wenn es im Himmel zu dröhnen beginnt, heißt es >>Perkons steht auf<< oder >>der liebe Perkons tadelt<<. Perkons wird auch „der alte Vater" oder „Perkonsvater" genannt. Nach den lettischen Mythen verfolgt Perkons während eines Gewitters den „Jods", einen bösen Dämon. Perkons versucht, den Jods mit dem Blitz zu erschlagen, daher sollte der Mensch dem Jods nicht im Wege sein, damit ihn nicht der Blitz zusammen mit Jods trifft. Jods ist natürlich von der Bezeichnung „Jote" (Riese, Unhold) abzuleiten. Auch der Mythos vom Feuersteine im Haupte des Gottes ist in Lettland überliefert, denn wenn Perkons im Frühjahr das erste Mal grollt, muß man mit einem Stein den Kopf reiben, um Kopfschmerzen zu verhindern und dabei sagen[9]:

>> *Stark, stark wie ein Stein sei mein Kopf.*<<

Auch dem Perkons sind Axt und Hakenkreuz (Feuerkreuz, Swastika) geweiht, wie Jolanta Mackova schreibt[10]:

»Die uralte Steinaxt hielten die Ahnen für Perkons Geschoßkugeln und sie glaubten, daß diese eine große Heilkraft besaßen.

Das Zeichen Perkons ist das Kreuz, auch Feuerkreuz oder Zweigkreuz genannt. Dieses Kreuz ist ein Schutz gegen das Böse, deswegen ist es in der lettischen Ornamentik sehr verbreitet. Damit wurden die Gürtel, die Decken, Handschuhe, Strümpfe und Hemden geschmückt. Das Neugeborene wurde mit einem Gürtel umwickelt, auf dem viele Feuerkreuze gewebt waren, um alle bösen Geister fernzuhalten. Aus der Gegend von Augskurzemē wird berichtet, daß bei der Geburt des Kindes am Dachsparren ein Feuerkreuz aus Holz aufgehängt wurde, welches nur entfernt wurde, wenn der Mensch starb.«

Der Gott wird mit einem roten Bart dargestellt. Auch werden kleinere runde Steine als Perkons Kampfwaffe erwähnt, möglicherweise Meteoriten oder Hagelkörner. Im litauischen bedeutet „Perkuno kulka" (= Perkuns Kugel) den Donnerkeil. Er hat Brüder und Söhne und Töchter, die aber namentlich nicht genannt sind[11]:

»Der Vater Perkons hat neun Söhne:
Drei schlagen, drei donnern, drei blitzen.
Ei, Perkons, alter Vater, was machen Deine Töchter?
– Meine Töchter gehen hinter mir, sprühen feinen Regen.«

Die Töchter des Perkons erinnern an neun Töchter Thors, welche Nornen sein sollen. So findet es sich in der Barlaams saga ok Josaphats aus dem 13. Jh.; andere Quellen dazu fehlen.

Das Kraut Hederich ist nach dem Gott „Pehrkones" benannt.
Bei den Litauern gilt Perkunas als Gott des Feuers, Donners und

Blitzes und ist einer der drei wichtigsten Gottheiten. 1583 besuchten Jesuiten Litauen und berichteten, die Litauer würden den Sturmgott Perkunas verehren, dem zu Ehren heilige Feuer in den Eichenwäldern brannten, die von „Vestalinnen" (Priesterinnen) gehütet würden. In Litauen beobachtete man vor allem auch das erste Gewitter im Jahre; kam es vor Ostern, war das schlecht, nach Ostern aber bedeutete es Gutes. An Donnerstagen, die dem Perkunas geweiht sind, zündete man eine heilige Kerze an – dieser Brauch lebt bis heute weiter.

In der Darstellung ist Perkunas ein zorniger Mann mit kupferrotem Bart, der die Blitze oder eine Axt in der Hand trägt[12]. Seine Attribute zusammengelegt ergeben die Swastika. Auch wird Ihm eine Doppelaxt zugeschrieben, welche Seine schöpferischen und zerstörerischen Kräfte symbolisiert.

Nach Jonas Trinkunas, dem früheren Krive (Oberpriester) der Balten, ist ein Symbol des Perkunas auch ein schräges Kreuz, welches er heidnisches oder celtisches Kreuz nennt. Dieses Kreuz kann mit den Händen geschlagen, oder mit Worten gebildet werden, so etwa in dem folgenden Zauber:

»Bevor Perkunas es donnern läßt, wende dein Gesicht zu den Wolken und sage:

> *Das Kreuz auf dem Wust*
> *Das Kreuz auf dem Baum,*
> *Perkunas verschone mich*
> *Werfe Deine Blitze nicht auf mich,*
> *Gehe fort, gehe fort.«*

Jonas Trinkunas schreibt[13]:

»Das alte litauische Zeichen des Kreuzes war das heidnische Kreuz Perkunas. Es war ein Hakenkreuz, welches man auf vielen kultischen Dingen findet, z. B. Pfannen, Fensterornamenten. Das Perkunas-Kreuzzeichen wurde bei vielen Ritualen verwendet: Eintritt in einen Vertrag, Trinken eines kultischen Getränks. Das Perkunas-Symbol wurde als Kreuz auf die Erde gezeichnet um die Saat zu schützen oder an die Haus- oder Zauntür, um vor Unheil geschützt zu sein.«

Celtische Mythologie.

Bei den Festlandscelten wurde ein Götterpaar verehrt, nämlich Sucellus (Sucellos) und Nantosuelta. Der Name „Sucellus" bedeutet „guter Schläger" oder „sicher Schlagender" (su = gut, ausgezeichnet, lat. perceller = erschüttern, stoßen, niederschlagen) und ist ein vom Lateinischen beeinflußter Name. Somit muß der ursprüngliche Name dieses Gottes bei den Celten einst anders gelautet haben. In zehn Weihinschriften aus Südgallien, der Schweiz, dem römischen Teil Germaniens, der römischen Provinz Gallia Belgica und dem römischen Britanien ist der Name Sucellus überliefert, außerdem gibt es etwa 200 Stein- und Bronzestatuetten dieses Gottes, welche hauptsächlich in den Tälern der Saône und Rhône gefunden wurden.

Der Gott Sucellus wird mit einem Hammerstab in der linken Hand und einem Gefäß in der rechten dargestellt (Abb. 11). Zuweilen hat Er als Attribute auch ein Messer oder Schwert, eine Keule wie Hercules oder einen Geldbeutel. Häufiger wird neben ihm auch ein Hund dargestellt, was Forscher zu der Schlußfolgerung führte, Sucellus als einen Unterweltsgott wie den etruskischen Charon zu erklären. Der Schlägel entspricht aber dem Waldgott Silvanus und Haar- und Barttracht entsprechen dem Jupiter. Auf Jupiter weist auch die Inschrift von Mainz: „IOM Sucaelos" (= Jupiter Sucellus).

Sucellus hat einen gegürteten kurzen Rock und Stiefel. Der Hammerstab scheint dabei dem Hammer Thors zu entsprechen; es ist ein auf dem Boden stehender langer Herrscherstab, der in einem hammerähnlichen Schlägel endet. Der Hammer wird dabei den Blitz symbolisieren, der Krug das Wasser des Regens.

Eine Reihe von Forschern deuten den Gott Sucellus als den von Caesar erwähnten Dis Pater (= Jupiter) und setzen ihn auch mit dem irischen Dagda gleich. Auch Dagda hat eine besonderen Wurfstein.

Auf der Figur von Visp (Musée d'Art et d'Histoire, Genf) des Sucel-

Abb. 11: Antike Statue des Sucellus.

lus ist der lange Hammer verloren. Auf der Brust hat er einen Nagel, der als Nagel gedeutet wird, welcher Verträge „festmacht", darunter ein Gebilde, welches von R. Christinger als „Schlüssel der Ewigkeit" interpretiert wurde, mit dem die Tür zur Jenseitswelt geöffnet werden kann. Das würde den Petrusschlüsseln der Kirche entsprechen. Unter dem linken Knie ist ein Z eingeritzt, ein Zeichen des nächtlichen Blitzes (siehe Abb. 12).

Die Gemahlin des Sucellus heißt Nantosuelta („die gute Bach-Anstoßerin"); Sie kommt auf 13 Monumenten neben Sucellus vor und wird mit einem Zepter, das von einer Hütte oder kleinem Haus bekrönt ist, dargestellt oder mit einem kleinen runden Haus in der Hand. Deswegen deutet man Nantosuelta als Schützerin des häuslichen Herdes oder überhaupt des häuslichen Bereiches, möglicherweise vor Gewitterschäden. Das erinnert an Thors Gemahlin Sif

Abb. 12: Sucellus von Visp (Musée d'Art et d'Histoire, Genf).

Da der Name Sucellus auch der lateinischen Sprache entstammt, muß der ursprüngliche celtische Name dieses Gottes einst anders gelautet haben. Möglicherweise war es Taranis (taran = Donner); unter diesem Namen wird nämlich bei Lucanus[14] der celtische Donnergott erwähnt. Auf Weiheinschriften finden sich die Namensformen Taranucus, Taranuncnus, Tanaro und Taranou. Dieser Gott wurde mit Jupiter gleichgesetzt und als Himmelsgott, Herr über Blitz und Donner gedeutet. Sein Zeichen ist das Rad (so auf dem Kessel von Gundestrup) und die Triskele (ein dreispeichiges Hakenkreuz). Der Gott schleudert das Rad und läßt es damit blitzen.

Dem Sucellus (und damit wohl auch dem Taranis) entspricht der irische Gott Dagda (= der gute Gott), der im Mythologischen Zyklus als Anführer der Tuatha Dé Danann erwähnt wird. Er wurde als „Ollathir" (= Allvater) und „Ruad Ro-fhessa" (= Herr des vollkommenen Wissens) bezeichnet. Als Attribut hat Dagda eine magische Keule, die so schwer ist, daß sie auf Rädern bewegt werden muß. Von dem einen Ende berührt, sterben neun Krieger; mit dem andern Ende berührt, werden sie wieder lebendig.

Damit ist Dagda Herr über Tod und Leben und wir erinnern uns an Thor, der mit Seinem Hammer Riesen tötet, aber zugleich seine geschlachteten Böcke wiederbelebt.

Das andere Attribut des Dagda ist ein magischer Kessel, der den Menschen unerschöpflich Nahrung gibt. Hier ist der Mythos vom Kessel des Hymir, den Thor und Tyr von den Riesen holen, wohl Vorbild gewesen.

Das Attribut einer Zauberharfe findet in der germanischen Mythologie keine Entsprechung.

Dagda aber geht als Kundschafter zu den feindlichen Fomore, wie Thor oft zu den Riesen reist, um sie zu bekämpfen. Die Fomore zwangen Dagda, ein aus vielerlei Fleisch und andern Zutaten gemachtes übergroßes Mahl zu essen, so daß Dagda nun einen übergroßen Bauch bekam. Das erinnert an Thors Prüfungen bei den Riesen, wo Er allerdings nur übermäßig trinken soll, während Loki die Prüfung des übermäßigen Essens bewältigen muß.

Man kann bei den Celten eine regelrechte Aufteilung des Donnergottes in mehrere Gottheiten nicht beobachten, da Sucellus, Taranis, Dis Pater und Dagda ja ein und dieselbe Gottheit sind und uns lediglich unterschiedliche Namen überliefert wurden.

Christliche Mythologie.

Bei den Christen trat schon recht früh der Apostel Petrus (= Fels) an die Stelle des Donnergottes. Petrus wird im Volksglaubn als Wettergott angesehen; andererseits wacht er auch am Himmelstor und läßt keinen Unberufenen ein. Er hat die Petrischlüssel (Abb. 36, S. 112), mit denen er den Himmel aufschließen kann. Ursprünglich bezog sich dieses Aufschließen des Himmels nicht auf ein Tor, sondern auf die Wolken als Kessel; denn wenn sie aufgeschlossen werden, regnet es. Das war der alte Mythos vom Wolken- oder Wasserkessel, den Thor einholt, oder den Sucellus als Gefäß in der Hand hält. Doch veränderte sich Petrus dann mehr zu einem Wächter am Jenseitstor wie der Gott Heimdall.

Neben Petrus finden sich noch zahlreiche weitere Heilige, die den so beliebten Donnergott ersetzen sollten: Donatus erinnert schon mit seinem Namen an Donar, Johannes hat viele Züge Donars, aber auch Baldurs übernommen, Christophorus ist ein 9 Ellen großer Heiliger mit Stab; er trägt Jesus über ein Wasser, wie Thor im Mythos Aurvandil in einer Kiepe trägt. Noch heute wird Christophorus als ein Heiliger der Reisenden (Autofahrer) angerufen, wie einst Donar als Gott der Reisenden.

Ein weiterer wichtiger Ersatzheiliger ist Thomas, im Volksmund Thammer oder Dammer genannt. Er erinnert schon vom Namen her an den Gott und ist ein Heiliger mit Hammer[15]:

>>*St. Thammer mit dem Hammer*<<.

Der Heiligentag des Thomas ist der 21. 12. und damit meist der Tag der Wintersonnenwende. Thomas fährt wie Thor einen Wagen, der ein feuriger Wagen ist. Daß Thor einen Wagen fährt, den man im Sternbild des Großen Wagens symbolisiert sieht, findet sich nicht nur in den Mythen der Edda, auch z. B. bei den Angelsachsen ist es überliefert, wenn von der Fahrt des Donar als „Thunorrâd" die Rede ist.

In Mähren fährt am Thomasabend ein Darsteller mit Fackeln in einem Wagen vom Dorf zum Friedhof. Alle Toten, die „Thomas" heißen, erwarten ihn dort und beten mit ihm. Später geht der Thomas-Darsteller ins Haus, und es folgt eine Bescherung.

Aber diese Überlieferung ist auch mißverstanden worden. Da heißt es dann, am Abend des Thomastages ging ein Riese umher, der auch „der Thamer mit'm Hammer" heißt. Wo er harmlos auftrat, begnügte er sich damit, mit dem Hammer gegen Fenster, Läden oder Türen zu schlagen. Aber er erschien auch als Schmied, schlug an die Türen und drohte. Offenbar ist hier der Umzug von Darstellern bereits märchenhaft überhöht worden, nachdem der Brauch nicht mehr ausgeübt wurde. Im Osten ist auch Elias ein Thorsersatz, denn nach der Bibel fährt Elias einen feurigen Wagen. Aus Elias wurde in der russischen Sage der Held Ilja Muromez.

Mitteldeutsche Sage.

In märkischen Sagen, in der Lausitz und dem Voigtland hat sich die Überlieferung vom Donnergott in den Erzählungen von Pumpan erhalten. Der Name wird übersetzt mit „pumpern" (= Lärm machen, poltern), „pumpotas" (= rumpeln) oder von „bum pan" (= Donner-Herr). Die Geschichten sind aber auch mit einem Mühlenkobold, Martin Pumphut, zusammengeflossen.

Pumpan ist in den Märchen ein himmlischer Gewittergott oder Gewittersturmgott mit Keule, der Nachfahre eines Mondgottes. Auf Pumpan als Gewittergott deuten die „Pumpermette" (Donnermette, Rumpelmette), das ist Lärm, der von den Schülern an den letzten Tagen der Karwoche an einer bestimmten Stelle des nächtlichen Gottesdienstes mit Klappern und Hämmern gemacht wird.

Der Rohrkolben, eine unter Naturschutz stehende Schilfpflanze mit kolbenartigen Früchten, heißt auch „Pumpans Keule", „Bumskeule" oder „Schmackeduzie".

In den Märchen stirbt Pumpan durch eine Schlange an einem Baum, was an den alten Thorsmythos von der Midgardschlange erinnert.

Die Ewe.

Sogar der afrikanische Stamm der Ewe (in Dahome, Ghana und Togo) stellt den Donnergott „So" bzw. „Xewioso" widdergestaltig mit zwei Äxten dar, dazu einer dritten im Munde. Diese Kultur hatte nie eine Berührung mit den Indogermanen; das Beispiel zeigt, daß der Donnergott von den Indogermanen wie dem Stamm der Ewe durch Visionen oder Offenbarungen erkannt wurde.

Kapitel 3

Wie der Hammer geschaffen wurde

Wie bei vielen Zaubergegenständen waren es auch hier die Zwerge, die in einer Art Wettstreit verschiedene Wunderdinge der Götter, darunter auch den Hammer Mjöllnir, schufen. In der altisländischen Mythensammlung der Edda findet sich die Geschichte in der Jüngeren Edda, Skáldskaparmál Kap. 43:

»Warum heißt das Gold Haar der Sif? – Loki, Laufeyas Sohn, hatte in boshafter Absicht es erreicht, der Sif all ihr Haar abzuschneiden. Als Thor das bemerkte, ergriff er Loki und hätte sämtliches Gebein in ihm zertrümmert, wenn Loki nicht geschworen hätte, es bei den Schwarzalben durchzusetzen, daß sie für Sif ein Haupthaar aus Gold machten, das wachsen sollte wie anderes Haar. Darauf begab sich Loki zu den Zwergen, die als Ivaldis Söhne bekannt sind, und diese machten das Haar und den Skidbladnir und Odins Speer Gungnir. Da verwettete Loki dem Zwerge Brokk gegenüber seinen Kopf für den Fall, daß sein Bruder Sindri drei ebenso wertvolle Kleinode herstellen könne wie diese. Als sie zur Schmiede kamen, legte Sindri ein Schweinsfell in die Esse und hieß Brokk mit dem Blasebalg ununterbrochen arbeiten, bis er das, was er in die Esse gelegt hatte, wieder herausnähme. Kaum hatte er die Schmiede verlassen und jener war beim Blasen, so setzte sich dem Arbeitenden eine Fliege auf die Hand und stach ihn, er arbeitete aber weiter wie bisher, bis der Schmied die Esse leerte, und da war es ein Eber mit goldenen Borsten. Nunmehr legte Sindri Gold in die Esse, hieß ihn blasen und damit nicht eher aufhören, als bis er zurückkäme. Er ging fort. Da kam die Fliege, setzte sich

dem Bläser auf den Hals und stach doppelt so stark wie vorher. Er aber blies weiter, bis der Schmied aus der Esse den Goldring Draupnir nahm.

Nun legte er Eisen in die Esse, hieß blasen und sagte, das Werk würde unbrauchbar, wenn das Blasen unterbrochen würde. Dieses Mal setzte die Fliege sich Brokk zwischen die Augen und stach in die Lider. Als das Blut die Augen überströmte und er nicht mehr sah, da griff er so schnell wie möglich mit der Hand zu, während der Blasebalg zusammensank, und strich sich die Fliege ab. Da kam der Schmied und sagte, beinahe wäre alles verdorben, was in der Esse sei. Er nahm aus der Esse einen Hammer, überreichte alle drei Kleinode seinem Bruder Brokk und hieß ihn damit nach Walhall gehen und die Wette einziehen.

Als Loki und der Zwerg die Kostbarkeiten brachten, nahmen die Asen ihre Richterstühle ein; die Entscheidung sollte gelten, welche Odin, Thor und Freyr fällen würden. Da gab Loki Odin den Speer Gungnir, Thor das für Sif bestimmte Haar und Freyr den Skidbladnir. Er erklärte die Bedeutung aller Kostbarkeiten: der Speer machte im Stoß niemals halt, das Haar war festgewachsen, sobald es auf Sifs Haupt kam, Skidbladnir hatte günstigen Wind, sobald sein Segel gehißt wurde, wo immer die Fahrt hinging, und man konnte, wenn man wollte, ihn wie ein Tuch zusammenfalten und in der Tasche tragen.

Darauf führte Brokk seine Kleinode vor. Er gab Odin den Ring und sagte, jede neunte Nacht würden acht Ringe von ihm abtropfen, gleich schwer wie er selbst. Dem Freyr gab er den Eber und sagte, er könne über Luft und Meer rennen bei Nacht wie beim Tage schneller als jedes Roß, und es könne nicht so dunkel werden in der Nacht oder im Dunkelheim, daß nicht Licht genug wäre für seinen Lauf, so hell leuchteten die Borsten. Dann gab er Thor den Hammer und sagte, er könne damit so stark schlagen, wie er wolle, wogegen auch immer, der Hammer werde nicht versagen, und wenn er damit nach etwas werfe, so werde er niemals fehlen, aber nie werde er so weit fliegen, daß er ihm nicht wieder in die Hand zurückkehre, und sobald er wolle, sei er so klein, daß er ihn in den Rock stecken könne. Nur einen Fehler hatte er: der Griff war reichlich kurz.

Das Urteil der Schiedsrichter lautete, der Ham-
mer sei das beste von allen Kleinoden, die stärk-
ste Waffe gegen die Reifriesen, und sie urteilten,
der Zwerg hätte die Wette gewonnen. Da bot
Loki Lösegeld für seinen Kopf, aber der Zwerg
erklärte das für aussichtslos. „Nimm mich
also", sagte Loki. Als er ihn aber nehmen woll-
te, war er plötzlich weit weg. Loki besaß nämlich
ein Paar Schuhe, mit dem er über Luft und
Meer eilte. Da bat der Zwerg Thor, ihn zu er-
greifen, und das tat Thor. Der Zwerg wollte ihm
den Kopf abschlagen, aber Loki sagte, ihm gehö-
re zwar der Kopf, aber nicht der Hals. Da nahm
der Zwerg Fäden und Messer und wollte in Lo-
kis Lippen Löcher stechen, um den Mund zuzu-
nähen, aber das Messer schnitt nicht. Da sagte
er, die Ahle seines Bruders wäre besser, und in
dem Augenblick, wo er die Ahle erwähnte, war
sie da, und sie durchbohrte die Lippen. Er nähte
nun die Lippen zusammen, aber Loki riß die
Ränder auf. Der Faden, mit dem Lokis Mund
zugenäht wurde, hieß Wartari.«

Hintergrund ist, daß Loki Thors Dienst-
mann war, wie das noch in späteren Balla-
den erzählt wird. Als solcher hatte er Zu-
tritt zu den Gemächern von Thor und
Sif. Im Haareabschneiden steckt zudem
die versteckte Anschuldigung, untreu gewesen zu sein; bei den Germanen wurden
einer untreuen Ehefrau oder einer Straftä-
terin die Haare abgeschnitten. Somit war

Abb. 13: Mjöllnir.

49

dieser Angriff Lokis auf Sif und Thor doppelt ärgerlich. Der Vorwurf der Untreue an die Göttin Sif entbehrt allerdings jeder Wahrheit. Hintergrund ist, daß Sif die Mutter des Gottes Uller ist, Odin aber Ullers Vater. Diese Geschichte aber geschah vor der Vermählung Thors mit Sif. In den Namensaufzählungen der Jüngeren Edda ist Sif ein Name der Jörd, der Erde, und Jörd ist Odins Tochter und Frau zugleich und Thors Mutter. Diese Verwandtschaftsverhältnisse irritieren uns zeitabhängige Menschen, da wir uns schwer vorstellen können, daß die eigene Mutter oder Tochter zur Ehefrau oder Partnerin werden kann. Aber Gottheiten altern nicht und leben ewig, so daß hier ganz andere Gesetzmäßigkeiten zum Tragen kommen.

Der Zwerg in unserem Mythos hatte alle Rechte auf Loki verloren, nachdem es ihm nicht gelungen war, Macht über dessen Kopf zu gewinnen.

Wir finden hier schon die Eigenschaften des Hammers erklärt: Er ist so fest, daß er nie versagt (bei besonders harten Gegnern), er kehrt dem Gott von selbst in die Hand zurück (Bumerangprinzip) und Thor kann den Hammer so klein machen, daß Er ihn im Busen verbergen kann. Der Hammer wird aus Eisen geschmiedet. In den Volksliedern dagegen ist Thors Hammer aus Gold. Andererseits ist hier mit „Schmieden“ eher ein magisches Erschaffen gemeint, zumal der Eber mit den goldenen Borsten ja ein Lebewesen ist und dennoch geschmiedet wird.
Da der Hammer offenbar feurig ist, benötigt Thor zur Führung des Hammers seine Eisenhandschuhe (Abb. 13). Die Vorstellung, daß eiserne Handschuhe nötig sind und daß der Hammer selbst aus Eisen ist, muß jünger sein, kann frühestens aus der Eisenzeit stammen. In den älteren Zeiten kannte man Gegenstände aus diesem Material noch nicht.

Als Manko wird der kurze Griff des Hammers, d. h. Stiel, genannt. Daß darauf hingewiesen wird, ist beachtenswert. Als um 1200 der dänische Mönch Saxo Grammaticus von der Verwendung dieses Hammers in einem Kampf der Götter berichtet, weiß er auch von dem kurzen Stil, gibt aber eine andere Erklärung. Nicht die Ablenkung des schmiedenden Zwerges erwähnt er, sondern der Stiel wurde im Kampfe abgetrennt. Da der Mythos zum Bereich des Hammers gehört, lasse ich ihn hier vollständig folgen[16]:

»Während dieser Vorgänge in Halogia rückte Balder mit den Waffen in das Gebiet des Gewar ein, um die Nanna zur Frau zu verlangen. Er wurde von Gewar an die Tochter verwiesen und ging sie mit ausgesuchten, gewinnenden Worten an; als er aber seinem Wunsche keine Erfüllung schaffen konnte, drang er in sie, ihm den Grund ihrer Abweisung kund zu geben. Sie antwortete, ein Gott könne mit einer Sterblichen nicht ehelich verbunden werden, weil der ungeheure Unterschied der Naturen die eheliche Gemeinschaft ausschließe. Außerdem pflegten auch die Götter bisweilen die Verabredung zu brechen, und plötzlich werde das Band zerrissen, das Unebenbürtige geschlungen. Denn zwischen Ungleichartigen gäbe es keine dauernde Verbindung, da in den Augen der höher Stehenden die tiefer Stehenden immer wertlos erschienen. Außerdem wohne Überfluß und Armut nicht unter einem Dache beisammen, und zwischen glänzendem Reichtum und dunkler Armut gäbe es keine feste Gemeinschaft. Kurz, mit Himmlischem vereinige sich Irdisches nicht, beides habe die Natur in ihrem Ursprunge deshalb durch eine weite Kluft getrennt, weil von dem lichten Glanze der Hoheit der Götter die sterbliche Menschheit unendlich weit abstehe. Mit dieser Antwort voll feinen Spottes wies sie die Bitte des Balder ab und wob geschickt ihre Gründe für das Ausschlagen des Ehebundes.
Als das Hother von Gewar erfuhr, schüttete er vor Helgo sein Herz aus in Klagen über die Anmaßung Balders. Beide waren sich nicht klar, was zu tun sei und überlegten hin und her. Denn Aussprache mit dem Freunde in böser Lage mindert den Kummer, selbst wenn sie die Gefahr nicht hebt. Unter den andern Regungen ihres Innern überwog doch endlich der Wunsch sich mutig zu

zeigen und sie schritten zu einer Seeschlacht mit Balder. Man hätte glauben können, Menschen kämpften gegen Götter, denn für Balder stritten Othin und Thor und die heiligen Scharen der Götter. Man konnte da einen Kampf sehen, in dem Götter- und Menschenkraft durcheinander lief. Aber Hother brach, bekleidet mit seinem hiebfesten Gewande, in die dichtesten Keile der Götter ein und kämpfte, soweit er als Erdensohn gegen Götter das vermochte. Thor aber zerschlug mit gewaltigem Schwunge seines Hammers alle ihm entgegen gehaltenen Schilde, die Feinde eben so sehr auffordernd ihn anzugreifen, als die Freunde ihn zu decken. Keine Art von Rüstung gab es die nicht seinem Ansturme wich, niemand konnte sich seinen Schlägen ohne Lebensgefahr aussetzen; was er durch einen Hieb abwehrte; das schlug er nieder. Nicht Schilde, nicht Helme hielten die Kraft seines Streiches aus, keinem half große Gestalt, noch große Kraft. So wäre denn der Sieg den Himmlischen zugefallen, wenn nicht Hother, der bei dem Wanken seiner Reihen schnell herbeiflog, den Hammer durch Abschlagen des Handgriffs unbrauchbar gemacht hätte. Als die Götter sich dieser Waffe beraubt sahen, ergriffen sie eiligst die Flucht. Der Glaube würde sich dagegen sträuben, daß Götter von Menschen besiegt wurden, wenn nicht die Überlieferung aus alter Zeit es wahr erscheinen ließe. Götter aber sage ich der gewöhnlichen Ansicht folgend, nicht als ob ich ihnen Wesenheit zusprechen wollte; ich gebe ihnen die Bezeichnung Götter nicht ihrer Natur nach, sondern nach der Gewohnheit der Heiden.

Den Balder rettete die in eiligem Laufe ergriffene Flucht. Die Sieger, nicht zufrieden damit, Götter besiegt zu haben, ließen noch die Reste der Flotte ihre Wut fühlen, um durch deren Vernichtung ihre mörderische Kampfesgier zu stillen; sie versenkten oder zerhackten die Schiffe Balders So steigert in der Regel das Glück die Erbitterung. Als Zeuge des Kampfes erinnert heute noch ein Hafen mit seinem Namen an Balders Flucht. Den Sachsenkönig Gelder, der in eben dieser Schlacht gefallen war, ließ Hother hingestreckt über die Leichen seiner Ruderer auf einen aus Schiffstrümmern errichteten Scheiterhaufen legen und bestattete ihn so gütig mit Pracht. Seine Asche übergab er als Überbleibsel eines königlichen Leibes nicht allein einem prächtigen Leichenhügel, sondern ehrte sie auch durch ein reiches Leichenbegängnis.

52

Darauf ging er zu Gewar zurück, damit nicht weitere Ungelegenheit die ersehnte Verbindung hinausschöbe und genoß die gewünschte Umarmung der Nanna. Nachdem er darauf Helgo und Thora mit reichen Gaben bedacht, führte er seine junge Frau nach Schweden heim, allen so ehrwürdig durch seinen Sieg, wie Balder lächerlich durch seine Flucht.

Als in dieser Zeit die Großen Schwedens nach Dänemark gegangen waren, um die Lehnsabgabe zu überbringen, wurde Hother zwar wegen der hervorragenden Verdienste seines Vaters von seinen Landsleuten als König geehrt, erfuhr aber, wie trügerisch die Gunst des Glücks ist. Er wurde nämlich von Balder, den er kurz vorher besiegt hatte, in einer Schlacht überwunden und mußte zu Gewar seine Zuflucht nehmen; als gewöhnlicher Mann hatte er den Sieg erlangt, als König verlor er ihn. Um sein von Durst gequältes Heer durch einen rechtzeitigen Trunk zu erfrischen, ließ Balder tief in die Erde graben und eine neue Quelle aus dem Boden zu Tage treten. Deren hervorbrechenden Sprudel schlürfte das ganze durstige Heer mit weitgeöffnetem Munde. Die Spuren dieser Wasser, durch unvergänglichen Namen unsterblich gemacht, sollen noch jetzt nicht vollständig geschwunden sein, obwohl der frühere starke Sprudel aufgehört hat. Balder erlitt durch Larven, welche die Gestalt der Nanna annahmen, fortwährend in der Nacht störende Belästigungen und wurde davon so schwach, daß er sich nicht auf den Füßen halten konnte. Deshalb gewöhnte er sich daran, seine Wege auf einem Zweigespanne oder Wagen zu machen; die große Liebe, die sein Herz ergriffen, hatte ihm mit ihrer Qual alle Kraft genommen. Nichts glaubte er, habe ihm ein Sieg gegeben, dessen Beute nicht Nanna gewesen war.«

Diese Schilderung ist natürlich sehr tendenziell: Die Götter werden als unfair dargestellt, die dem Hother die Braut Nanna nehmen wollen. Saxo nutzt hier einen zyklischen Tages- und Jahresmythos aus, um ihn in sein Gegenteil zu verkehren. Der Grundgedanke ist der, daß Balder das Licht, den Tag und den Sommer bedeutet, Hother aber die Nacht, das Dunkel und den Winter. Zwischen Tag und Nacht steht die Abendröte oder die Morgenröte, Nanna. Je nach Betrachtungsstandpunkt folgt die Abendröte dem sterbenden Tage nach; Nanna tötet sich selbst als Balder stirbt erzählt die Edda – oder die Morgenröte folgt dem unterliegenden Dunkel nach – wie es Saxo hier schildert.

Für uns wichtig zu sehen, daß die Götter auf Balders Seite kämpfen, weil die Götter ja Lichtgötter sind, und Thor setzt Seinen Hammer in diesem Kampfe als Waffe ein. Hother aber hat die Waffe dadurch unbrauchbar gemacht, daß er den Stiel abschlug. Nun kann der Hammer nicht mehr eingesetzt werden, und die Götter fliehen. Feige fliehende Götter sind sicher eine Erfindung des Mönches Saxo. Jedenfalls gibt es hier eine andere Erklärung, warum der Stiel des Hammers so kurz ist.

Die Schilderung in der Edda ist aber aus mehreren Gründen glaubwürdiger. Dort ist der Hammer vom Zeitpunkt seiner Entstehung an kurzstielig, und er funktioniert dennoch. Nach dem Ragnarök werden Modi und Magni, Thors Söhne, den Hammer wieder mitbringen. Nirgends wird gesagt, daß dieser Hammer dann unbrauchbar geworden wäre; es heißt in den Vafthrudnismál 51:

»Modi und Magni sollen Mjöllnir führen
Und gewinnen den Krieg.«

Saxos Schilderung bezieht sich auf den Hammer, als er schon in Gebrauch ist und erwähnt das Abschlagen des Griffs. Es wäre hier also ein zweiter Griffverlust zusätzlich eingetreten, so daß die Waffe nun wirklich unbrauchbar wurde. Man ahnt die Absicht und wirkt verstimmt: Saxo der Christ wollte also seinen noch heidnischen Mitmenschen die Götter als machtlos sogar gegen Menschen hinstellen, wollte ihnen den Respekt und die Angst vor Thors Waffe nehmen, auf daß sie sich nun ohne Skrupel dem neuen Glauben zuwenden konnten. Aber der Hammer ist nach dem Ragnarök verwendbar; Saxos Schilderung muß also falsch sein.

Ich hatte schon auf den Mythos von Thors Kampf mit dem Riesen Hrungnir hingewiesen. In diesem Mythos geht es zwar nicht um die Entstehung des Hammers selbst, aber doch um die Entstehung der Schleifsteinsplitter, die im Volksglauben auch als Donnersteine gelten. Sicher kommt hier auch eine Beobachtung mit hinein, wonach ein in den Sand einschlagender Blitz den Sand schmilzt und zusammenbackt; derartige vom Blitz erzeugte längliche Sandverklumpungen ähneln den Donnersteinen und führten zu dem Glauben, daß derartige Steine Hinterlassenschaften des Blitzes seien. In der Jüngeren Edda (Bragerœður 8) wird der Mythos des Kampfes so erzählt:

»Hrungnir selbst hatte bekanntlich ein Herz von hartem Stein, scharfkantig und dreiseitig, wie man seitdem das Runenzeichen zu schneiden pflegt, das man Hrungnirs Herz nennt. Auch sein Haupt war von Stein, von Stein auch sein breiter, dicker Schild, und diesen Schild hielt er vor sich, als er auf Grjottunagördur stand und Thors wartete. Seine Waffe war ein Schleifstein, den er über die Achsel nahm, und nicht mild war er anzuschauen. Ihm zur Seite stand der Lehmriese, der Mökkurkalfi hieß. Er war aber sehr furchtsam, und man sagt, daß er Wasser ließ, als er Thor sah.

Thor fuhr zum Holmgang und mit ihm Thjalfi. *Abb. 14: Der Schleifstein.*

Da lief Thjalfi voraus, dahin, wo Hrungnir stand, und sprach zu ihm: „Du stehst übel behütet, Jötun: Zwar hast du den Schild vor dir, aber Thor hat dich gesehen, er fährt niederhalb in die Erde und wird von unten an dich kommen". Darauf warf sich Hrungnir den Schild unter die Füße und stand darauf; die Steinwaffe aber faßte er mit beiden Händen. Darauf vernahm er Blitze und hörte starke Donnerschläge und sah nun Thor im Asenzorn, der gewaltig heranfuhr, den Hammer schwang und ihn aus der Ferne nach Hrungnir warf. Hrungnir hob die Steinwaffe mit beiden Händen und hielt sie entgegen: Da traf sie den Hammer im Fluge und der Schleifstein brach entzwei; der eine Teil fiel zur Erde, und davon sind alle Wetzsteinfelsen gekommen; der andre fuhr in Thors Haupt, so daß er vor sich auf die Erde stürzte. Der Hammer Mjöllnir aber traf den Hrungnir mitten auf das Haupt und zerschmetterte ihm den Schädel in kleine Stücke (...)

Da fuhr Thor heim gen Thrudvang, und der Schleifstein stak in seinem Haupt (...) Und so wurde der Schleifstein nicht loser und steckt noch in Thors Haupt. Darum ist es auch eines jeden Pflicht, solche Steine wegzuwerfen, denn damit rührt sich der Stein in Thors Haupt.«

Der ganze Riese Hrungir ist aus Stein, innerlich wie äußerlich und seine Waffe ist ein Schleifstein, den er dem Hammer entgegensetzt (Abb. 14). Thor zerschlägt sowohl den Schleifstein als auch den ganzen Steinriesen, und dessen Stücke fallen zur Erde. Da der Blitz oft in die Erde einschlägt, konnte Thjalfi den Riesen täuschen, indem er ihm einredete, Thor würde ihn von unten angreifen. Nach diesem Kampfe heißt der Hammer Mjöllnir auch „Hrungnis bani" (= Hrungnirs Töter).

Die Abb. 15 zeigt den Kampf von Thor mit dem Riesen Hrungnir; im Hintergrund der Lehmriese, den Thjalfi ohne viel Mühe schlägt.

Ludwig Uhland deutete diesen Mythos auf den menschlichen Ackerbau (verkörpert durch Thjalfi): Der Mensch muß die Felsbrocken wegschaffen, um die Erde urbar zu machen, und Thor als

Schützer der menschlichen Tätigkeiten ist dabei behilflich. In Hrungnir besiegt Thor die dem Anbau der Erde widerstrebende Steinwelt. Die Zerschmetterung des Riesen deutet Uhland auf die Bergfälle und Felslawinen im Gebirge; mit dem zermalmenden Hammerschlag macht der Gott den harten Steingrund zu urbaren Erdreich. Hrungnir kann von „at hrûga" (= aufhäufeln) kommen, der Ort des Zweikampfs, Grjottunargördur bezieht sich auf „griot" (= Geröll). Der Lehmriese Mökkurkalfi (= Wolken- oder Nebel-Wade) ist der wäßrige Lehmboden am Fuße des Steingebirges, mit dem die menschliche Arbeitskraft (Thjalfi) allein fertig wird.

Man hat Hrungnir aber auch als eine Art Gewitterdämon gedeutet, der vom Gewittergott Thor abgelöst wurde; doch ist diese Deutung unwahrscheinlich.

L. Uhland[17] vermutet, daß der Kampf mit Hrungnir einst in einem eigenen, gedichteten Liede besungen wurde, welches aber verloren ist. Allerdings gab es in unserer Zeit Versuche, diesen Mythos in gereimte Strophen zu bringen[18]:

> *»Da blitzte es blendend durchs dunkle Gebrause,*
> *Der Gletscher erlohte in grellem Licht:*
> *Über den Ferner zur Felsenhöhle*
> *Stürmte Wingthor im Wetterstrahl.*

> *Den Wurfstein faßte der Felsriese fester,*
> *Stemmte den Schild übers Haupt.*
> *Neben ihm stand stumm der Genosse,*
> *Der Thurse aus Lehm wie ein Turm.*

> *Bange erbrüllte der bärtige Jote,*
> *Schwirrend schwang er das schwere Geschoß.*
> *Es flog aus den Händen Hrungnis der Felsen,*
> *Es flog der Hammer aus Hlorridis Faust.*

Abb. 15: Thors Kampf mit Hrungnir. Stich von Prof. C. E. Doepler.

Krachend fuhren die Keile zusammen,
Funken spritzten aus Stahl und Stein:
Es barst der Stein, die Splitter stoben,
Der Hammer hieb in des Riesen Hirn.

Im Todeskampf tobte der Jote,
Schlug mit den Gliedern schmetternd den Grund.
Ächzend griff ans Haupt sich der Ase,
Den Splitter des Steines im Knochen der Stirn.

In Thrudwangs Halle saß Thor, der Herrscher,
Stöhnte, den Splitter tief in der Stirn.
Und immer noch steckt der Splitter, der spitze,
Thor, dem Starken, tief in der Stirn.«

Der Schleifstein wurde auf Thor und Odin bezogen (wegen des Mythos, wo Odin einen Wetzstein unter neun Knechte wirft). Der Schleifstein wie der Donnerstein galten unsern Vorfahren als heilig und heilkräftig.

Den Mythos vom errichteten Lehmriesen verglich der Forscher G. Dumézil[19] mit künstlich errichteten Ungeheuern im Rahmen von Initiationsriten der Naturvölker. Hierbei wäre der eigentliche Held und Einzuweihende Thjalfi, der den Lehmriesen bezwingt. In der Hrólfs saga kraka muß Hottr einen Scheinkampf mit einem ausgestopften und auf die Beine gestellten Bären bestehen, um in die königliche Gefolgschaft aufgenommen zu werden. Der junge Bursche soll seinen Mut beweisen, indem er ein künstlich errichtetes, schreckenerregendes Ungeheuer besiegt.

Auch der Wetzstein im Haupte Thors hat seine Entsprechungen. Die Lappen stellten Horagalles mit dem Steinstück und einem Nagel im Haupte dar (siehe Abb. 3, S. 15), und auch germanische Götterbilder auf Island trugen „reginnaglar" (= Götternägel). In der irischen Sage ist es Cúchulainn, der auf seiner Stirn einen Auswuchs hat, so dick wie der Wetzstein eines Kriegers. Es war der Gehirnball des Mes-Gegra, der in Cúchulainns Stirn saß.

Weil der Hammer als göttliches und himmlisches Attribut des Gottes Thor den Blitz erzeugt, weissagten unsere Vorfahren auch aus dem Aussehen, der Helligkeit und dem Ort eines Blitzes. Leider ist diese Kunst heute nicht mehr bekannt.

Kapitel 4

Der Hammer als Symbol des Heidentums

In der christlichen Zeit kam in Skandinavien die Sitte auf, auf den Runensteinen in der Mitte ein großes Kreuz einzuritzen, um welches sich die Runeninschrift – meist in einem Zeilenband – rankt. Zwei Steine aus Södermannland, Schweden, machen hier eine Ausnahme. Einer dieser Steine ist der Runenstein von Stenkvista Kirka, Schweden (s. Abb. 16). Was ist nun so besonders an diesem Runenstein? Der Stein von Stenkvista trägt groß in seiner Mitte den Hammer des Thor eingeritzt. Zwar sind auch andere Runensteine bekannt, die den Hammer Thors aufweisen, aber dort ist der Hammer nur klein neben den Runen dargestellt, nie groß allein in der Mitte, und ob der Runenritzer damit die Inschrift weihen wollte oder sich selbst als Anhänger der alten Religion kenntlich machte, ist nicht bekannt (siehe Abb. 18, S. 65). Der Runenstein von Stenkvista muß in einer Zeit entstanden sein, als es schon die christlichen Runensteine mit den großen Kreuzen gab. Ganz bewußt wurde dem Kreuz der christlichen Inschriften der große Hammer entgegengesetzt. Der Runenritzer und seine Auftraggeber waren also bewußt noch heidnisch und trauten sich auch, dies öffentlich zu zeigen. Damit brachten sie sich allerdings in große Gefahr. Wir können wohl von einer Entstehungszeit kurz nach der Missionierung ausgehen. Der Hammer ist auf diesem Stein „hängend" (mit dem Stiel nach oben) dargestellt, wie man ja auch die kleinen Thorshammeramulette trägt.

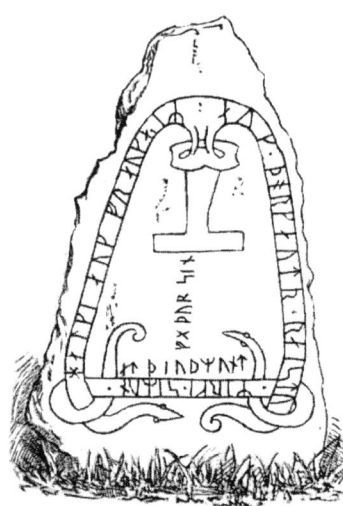

Abb. 16: Stein von Stenkvista.

Die zweite Besonderheit dieses Runensteines ist eine merkwürdige Formulierung in der Inschrift. Die Inschrift im jungnordischen Runenfuthorkh beginnt links unten und verläuft dann im Uhrzeigersinn weiter. Sie lautet übertragen:

»halki auk fraukaiR: auk þorkautr· raistu· merki· siRun· at þiuþmunt faþur sin«

(Helge und Fröger und Thorgöt errichteten mit Siegrunen [den Stein] nach Tjudmund, ihrem Vater).

Die merkwürdige Formel ist dabei das „merki siRun", weil dort mitten im Wort die R-Rune (yr) steht, die normalerweise nur das End-R bezeichnet, wie im Wort „fraukaiR". Im Wort „ þorkautr" ist sie dagegen schon durch die gewöhnliche r-Rune (reid) ersetzt. Der Runologe E. Brate ergänzte die heidnische Formel durch zwei Zeichen zu einer Inschrift von 12 Zeichen: „merki si(g)R (r)un", d. h. „markiert/ gezeichnet mit Siegrunen".

Es ist möglich, daß der Runenritzer ursprünglich nicht beabsichtigt hatte, Runen in die Mitte des Steines und außerhalb des Zeilenbandes zu ritzen, doch fehlte ihm der Platz, so daß für „at þiuþmunt" eine eigene Zeile über dem Band nötig wurde, während „faþur sin" senkrecht unter den Hammer geritzt werden mußte. Dabei blieb er nicht in der gleichen Flucht wie die Außenkante des Hammers, damit die Inschrift den Hammer nicht von weitem wie ein Kreuz erscheinen läßt.

Der Runenstein von Stenkvista ist ein Beweis, daß in dieser Zeit in Schweden der Thorshammer für die Heiden den gleichen Stellenwert hatte, wie für die Christen das Kreuz. Andere Zeichen, die das Heidentum symbolisieren könnten (z. B. eine „Irminsul") gab es nicht. Ein weiteres Indiz für die Gleichwertigkeit von Thorshammer und Christenkreuz im 10. Jh. ist eine Gußform, gefunden im Handelsplatz Haithabu (Hedeby), Norddeutschland. Die Gußform weist drei Vertiefungen auf; zwei davon für – allerdings gleichschenklige – Kreuze, eine für den Guß eines einfachen Thorshammers.

Zurück nach Södermannland: Ganz sicher vom gleichen Runenritzer stammt noch eine weitere Runeninschrift, nämlich die vom Stein oder der Felswand von Åby. Sie lautet:

»asmuhtr:auk:fraybiurn:litu kera:merki·siRun·ot:herbiurn·faþur·sin:«
(Asmunt und Fröbjörn setzten das Grabmal mit Sigrunen nach Herbjörn, ihrem Vater).

In dieser Inschrift finden sich schon einige punktierte Runen, so eine punktierte iss-Rune für den Laut „e" oder eine punktierte urr-Rune für den Laut „y". Die Textlänge paßt fast vollständig in das Runenband hinein; der Runenmeister ist mit seinem Platz besser ausgekommen. Diese Tatsache, verbunden mit den punktierten Runen spricht dafür,

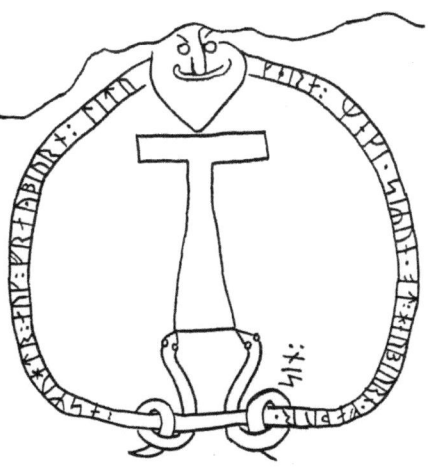

Abb. 17: Stein (Fels) von Åby.

daß diese Inschrift jünger ist als die vom Stein von Stenkvista. Darauf deutet auch das Wort „ot" statt „at", wie es noch bei Stenkvista zu finden ist. Auf der Felswand konnte die Inschrift auch nicht entwendet werden. Der Hammer ist drohend erhoben.

Wir können festhalten: Es handelt sich um Steine, die nach dem Vorbild der christlichen Runensteine (mit großen Kreuzen) von einem bewußten Heiden hergestellt worden sind.
Die eigenartige gleiche Formel („siRun") und die große Darstellung des Thorshammers zeigen, daß es einundderselbe Runenritzer gewesen sein muß, der beide Inschriften hergestellt hatte.
Es handelt sich bei den auf den Steinen erwähnten Personen bzw. den Verstorbenen sehr wahrscheinlich um Angehörige aus unterschiedlichen Sippen, da kein gleicher Name auf beiden Steinen vorkommt. Das bedeutet, daß der Runenritzer nebenberuflich oder hauptberuflich als Steinritzer für Auftragskunden tätig war. Runenritzer, die mit dem Toten nicht verwandt waren, sind auch bei anderen Steinen bezeugt.

Weitere Runensteine unseres Steinritzers wurden nicht gefunden. Dies ist merkwürdig, da über 10.000 Runenfundstücke erhalten sind. Sicher könnten seine heidnisch beritzten Steine absichtlich von Christen zerstört worden sein; dann stellt sich aber die Frage, warum man diese zwei Inschriften nicht zerstört hatte und auch andere, ältere heidnische Runensteine nicht zerstört wurden. Sollte der überzeugte Heide, nachdem er die beiden Inschriften hergestellt hatte, plötzlich mit dem Runensteinritzen aufgehört haben? Das wäre unwahrscheinlich. Sicher erteilten ihm Christen keine Aufträge, aber es gab noch mindestens bis ins 14. Jh. Heiden in Skandinavien. Eher halte ich es für möglich, daß er am weiteren Wirken gewaltsam gehindert wurde. In der Zeit, in der er seine beiden Steine hergestellt hatte, war das Christenum in Södermannland schon zur herrschenden Religion geworden und grenzte sich mit allen Mitteln vom Heidentum ab. Es ist denkbar, daß dieser heidnische Runenmeister von missionierenden Christen ermordet wurde.

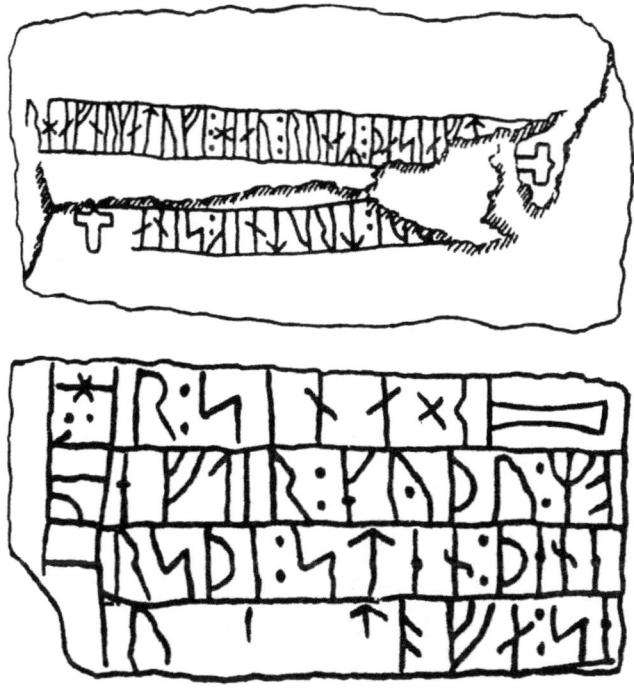

Abb. 18, oben: Stein von Læborg, unten: Stein von Hanning.

Ich hatte bereits Runensteine erwähnt, auf denen der Hammer klein in den Runeninschriften erscheint. Es sind die Runensteine von Læborg, Hanning, Spentrup und Gårdstanga 3 aus Dänemark sowie Täng und Bjärby aus Schweden. Die Abb. 18 zeigt die Steine von Læborg und Hanning (um 1100). Auf dem Læborg-Stein sind sogar zwei Hämmer zu sehen, am Ende der Zeilen, während Hanning nur einen Stein am Ende der Inschrift (rechts oben auf der Nachzeichnung) aufweist.

Abb. 19: Goldener Thorshammer von Östergötland, 11. Jh.

Zunächst ist festzuhalten, daß die dritte Rune ᚦ (þorn) nichts mit dem Hammer des Gottes oder gar dem Gott selbst zu tun hat, wie das manche Neuheiden glauben, denn ansonsten hätte es ja gereicht, diese Rune auf die Inschriften zu setzen, statt der Hammerdarstellungen. Dann müssen wir uns die Frage stellen, warum hier ein Hammer in den Inschriften zu finden ist. Ich bin davon überzeugt, daß die Darstellung von einem Hammer in einer Runeninschrift diese weihen (heiligen) sollte, denn zur Weihe ist die Verwendung des Thorshammers gut bezeugt.

Die Archäologen haben inzwischen hunderte von kleinen Thorshammer-Amuletten gefunden. Diese sind teils sehr unterschiedlich gearbeitet; auch kommen verschiedene Materialien und Formen vor. Grob kann man einfache, schmucklose Thorshämmer von Thorshämmern mit einem Tierkopf oben (am Hammerschaft) unterscheiden; zu einer dritten Gruppe gehören Thorshämmer, deren Hammerteil sehr breit und flach gearbeitet ist. Oft sind die Thorshämmer auch sehr kunstvoll und filigran gestaltet. Zuweilen wurden auch Thorshämmerringe gefunden, also große Ringe, an denen sich ein oder mehrere Thorshämmer, oft mit weiteren Symbolen, befinden.

Die Abb. 19 zeigt einen prächtigen, goldenen Thorshammer aus Eirikstorp, Östergötland, aus dem 11. Jh. Der Hammerstiel endet in einem Vogelkopf, einer Eule; die silberne, geflochtene Kette setzt am Hammer mit einem Schlangenkopf an. Vermutlich hatte sie auch an der anderen Seite so einen Schlangenkopf. Die Länge der Kette ist dazu geeignet, den Hammer um den Hals zu tragen.

Das Umschlagbild zeigt einen 5,1 cm langen silbernen Thorshammer aus Kabara, Schonen, etwa um 1000. Der Hammer besteht aus zwei Silberblechen, einem ebenen Bodenblech und einem darauf gelötetem Preßblech mit den Verzierungen. Die Hängeöse ist wie ein breiter Vogelkopf gestaltet. Um welche Vogelart es sich handelt, ist unbekannt; sicher ein Greifvogel oder auch eine Eule. Der Vogelkopf sollte wohl die Wesenheit des Hammers verkörpern. In der Mitte hat der Hammer eine Vertiefung, in der eventuell ein Edelstein eingesetzt war.

Abb. 20, links: Thorshammer aus Öland, Mitte: Moen, rechts: Deutschland.

Abb. 20 zeigt links einen silbernen Thorshammer aus Bredsättra, Öland, Schweden, der aus einem Vikingergrab des 10.-11. Jh. stammt. Er hat einen Eulenkopf, durch den der Aufhängedraht geht.

Ganz rechts auf Abb. 20 ein Thorshammer aus Deutschland aus dem Archiv eines Museums (wahrscheinlich Berlin); Material und Datierung unbekannt. Auch er hat einen Vogelkopf.

In der Mitte ein kleiner, silberner Thorshammer aus einem Schatzfund von Mandemark, Moen, Dänemark aus der Vikingerzeit. Hier ist ein Kopf nur angedeutet.

Den isländischen Thorshammer mit Drachenkopf (oder Wolfskopf) hatte ich schon auf Abb. 5, Seite 19, vorgestellt.

Ganz ähnlich ist der Goldschatz von Neuendorf, Hiddensee (Abb. 28, Seite 95), wo man zehn kreuzförmige goldene Thorshämmer mit Vogelköpfen aus dem 10. Jh. findet; dazu vier Zwischenstücke, die zu einer Halskette gehörten, deren genaue Anordnung unbekannt ist. Hier hat man offenbar versucht, das Hammerzeichen mit dem bekannten Thorshammer zu vereinigen. Christlichen Einfluß (Kreuz) sehe ich hier nicht. Unten auf der Abbildung vier (von sieben) silberne Thorshammeranhänger aus einem Hortfund des Michailowski-Klosters, Kiew, Ukraine, 10. Jh. Die Stücke sind je 4 cm hoch.

Die Abb. 27 auf Seite 90 stellt einige einfachere Thorshämmer zusammen, meist aus Bronze, Eisen oder Silber:

1: 3,5 cm langer Thorshammer, der aus vergoldeter Bronze besteht.

2: 3,4 cm langer bronzener Thorshammer.

3: Kürzlich gefundener silberner Thorshammer aus einem Münzfund von Schaprode, Rügen, 10. Jh.

4: Silberner Thorshammer von Sejrø, Dänemark, 2. Hälfte des 10. Jh. Der glatte Hammer hat eine geflochtene silberne Kette und wurde in einem Schatz gefunden.

5: 2,5 cm langer roter Bernstein-Thorshammer aus Wollin, Pommern, Deutschland, 2. Hälfte des 10. Jh. Auch die Wenden (= Wandalen) waren Thorsverehrer. Rot ist Thors Farbe.

6: Silberner Thorshammer aus Upsala, Uppland, Schweden, 10. Jh.

7: Thorshammer von Købelev, Lolland, Dänemark 10. Jh. mit Runeninschrift auf der Rückseite (7b):

»hmarais«

(„H(a)mar is" = Das ist ein Hammer?)

Die Runeninschrift ist kopfstehend, und ihre Lesung ist unsicher. Die profane Beschreibung ist wohl nicht zutreffend; die zweite A-Rune ist nicht sicher als Rune zu erkennen. Möglicherweise hängt am Ende sogar noch eine i-Rune dran. Da die r-Rune groß in der

Mitte steht, die ja „Ritt, Fortbewegung" und „Reise" bedeutet, Thor aber auch ein Gott der Reisenden ist, hat man hier eine Beziehung erkennen wollen. Der Hammer ist aus vier Metallen: Bronze, Silber, Zinn, Gold.

8: 2,4 cm langer silberner Thorshammer aus dem Repton Grab 511, Derbyshire, England um 873-874.

Die Abb. 35 auf Seite 111 zeigt zwei weitere Thorshammeramulette und zwar sehr breite Thorshämmer.
Links: Silberner Thorshammer aus Rømersdal, Bornholm, Dänemark, 2. Hälfte des 10. Jhs. Der Hammer mit einer Gesamtlänge von 4,8 cm stammt aus einem Schatzfund, in welchem sich noch ein weiterer Hammer befand. Nur die Schauseite trägt die Muster.
Rechts: Ein Thorshammer aus Ylipää, Lieto, Finnland aus der Zeit um 800. Die Finnen nennen derartige Amulette „Ukonvasara" (= Hammer des Ukko) oder „Ukonkirves" (= Axt des Ukko). Die gezackten Linien werden als Blitze interpretiert.

Abb. 29 auf Seite 100. Zeigt einen silbernen Thorshammer aus Vålse, Falster, Dänemark, um 900-950. Der Hammer ist 2,8 cm lang.

Zuletzt in dieser Reihe weitere, einfachere Thorshämmer. Abb. 37 auf Seite 115 zeigt verschiedene Thorshämmer des 10. Jh. aus Tissø, Nordwestseeland, Dänemark. Die 3 bis 5 cm großen Hämmer sind aus Eisen und Silber. Unten links ein roter Bernstein-Thorshammer aus Blåvand, Skallingen, Südwestjütland, Dänemark, 800-1050. Der Hammer ist 2,3 cm lang und 1,6 cm breit. Rechts unten auf der Abb. 37 ist ein silberner Thorshammer aus Haithabu, Deutschland, 10. Jh. zu sehen. Der 3,9 cm breite Hammer hat ein Kreuz einpunziert, so daß man folgerte, der Träger sei bereits christlich beeinflußt gewesen. Allerdings handelt es sich um ein gleichschenkliges, auch im Heidentum bedeutsames Kreuz.

Eine Halskette mit bunten Glasperlen und zwei eisernen Thorshämmern aus dem 9./10. Jh. fand man in Hansdorf am Drausensee (Janów), Pommern, poln. verwaltetes Ostdeutschland (Abb. 24, S. 81). Der Hammer links ist 3,3 cm lang, rechts 2,8 cm. Vielleicht war diese Kette einst ein Hochzeitsgeschenk für eine Frau.

Ein Kuriosum scheinen die sogenannten „Thorshammerringe" zu sein. Typisch sind sie für Ostmittelschweden; sie kommen aber auch in Åland und im altrussischen Bereich vor. Es handelt sich um halsringgroße oder kleinere Eisenstäbe, die teilweise tordiert (verdreht) sind und eiserne Anhänger in Form von kleinen Thorshämmern tragen. Auch andere Formen, Keulen usw. kommen vor; zuweilen wechseln sich Hämmer und Ringe oder Spiralen ab. Einige Thorshammerringe sind so klein, daß sie nicht um den Hals getragen werden können; für Finger aber sind sie zu groß. Sie sind teilweise auch zu öffnen.

Die Abb. 26 auf Seite 87 zeigt eine Zusammenstellung unterschiedlicher Thorshammerringe.
1: Eiserner Thorshammerring aus Ulla, Östra Ryd Ksp., Uppland, Schweden, 9.-10. Jh. mit 4 Thorshämmern. Durchmesser 16,9 cm.
2: Eiserner Thorshammerring von Gnezdowo, obl. Smolensk, Rußland, 10. Jh. Dieser varägische Grabfund mit einem Durchmesser von 15 cm hat zwei Thorshämmer und zwei Ringe im Wechsel.
3: Eiserner Thorshammerring von Torvalla (= Thors Feld), Ksp. Skederid, Uppland, Schweden, 9.-10. Jh. Der Ring mit einem Durchmesser von 13,3 cm trägt eine Speerspitze, eine Sichel und einen Hammer oder Keule. Es sind die Attribute der drei Hauptgötter Odin (Speer), Freyr (Sichel) und Thor (Keule). Der kleinere Ringdurchmesser könnte auf eine Frau als Trägerin oder einen dünnen Mann deuten, die damit den Schutz dieser Götter erlangen wollten.

4: Eiserner Thorshammerring aus Norwegen mit neun Thorshämmern, Vikingerzeit. Der Ring scheint nicht zu öffnen zu sein.

5: Eiserner Thorshammerring aus Fugledegård, Nordwestseeland, Dänemark, 10. Jh. Der Ring hat nur einen Durchmesser von 2,8 cm und trägt drei Thorshämmer. Wahrscheinlich wurde der Ring an einem Wagen oder dem Zaumzeug der Pferde befestigt, um so auf der Fahrt den Schutz des Gottes der Reisenden, Thor, zu erhalten.

6: Eiserner Thorshammerring, 9.-10. Jh., aus den Funden von Tissø, Dänemark, mit drei Thorshämmern und einem weiteren Objekt, vielleicht zur Befestigung des Ringes gedacht. Der Durchmesser beträgt nur 1,5 cm.

7: Eiserner Thorshammerring von Gorodišče bei Nowgorod, Rußland, 2. Hälfte des 9. Jh. Der Ring ist zu öffnen und trägt nur einen Thorshammer, sein Durchmesser beträgt 5,4 cm.

Die eisernen Thorshämmer an Ringen sollten möglicherweise durch ihr Klappern die Unholde vertreiben. Vielleicht nahm man solche Ringe auch in die Hand und klapperte damit bewußt, z. B. an den „Klöpfelnächten" im Dezember. Aus dem Schiffsgrab der Königin Ása von Oseberg kennen wir kultische Rasseln, mit denen man bei Beerdigungen schadende Geister vertrieb, und auch bei normalen Reisen wird man nicht auf den Beistand und Schutz des Gottes verzichtet haben.

Wozu dienten diese Thorshammeramulette? Sie kennzeichneten ihren Träger als Heiden, zumindest als Verehrer Thors, und waren also in der Zeit der Missionierung ein dem Christenkreuz gleichwertiges Symbol des Heidentums. Dann aber sollten diese Amulette natürlich ihrem Träger die Kraft bzw. den Beistand des Gottes Thor sichern; in dieser Funktion entsprechen sie den Donnersteinen, deren Verwendung ich in den folgenden Kapiteln erkläre.

Es besteht ein Zusammenhang zwischen Gewitter und Weihe mit dem Hammer. Der Gott Thor verfolgt mit Seinem Wagen, Blitz und Donner die den Menschen feindlichen Naturunholde, um sie unschädlich zu machen, indem Er sie mit Seinem Hammer (Blitz) erschlägt, damit sie die menschliche Gemeinschaft nicht schädigen und Recht und Sitte aufrecht erhalten bleiben. So fürchten Trollweiber, Riesen und Elben schon allein den Donner als Thors wütende Stimme. Hören sie ihn, wissen sie, daß Er zu ihrer Bekämpfung herannaht. Thor richtet Sich im Gewitter also gegen böse Geister und trägt zur Reinigung und Heiligung und damit Weihe der Erde bei.

Ein geweihtes Thorshammeramulett schützt also seinen Träger auch vor Unholden jeder Art und damit vor Unglück, denn an den Menschen mit dem Hammer trauen sie sich nicht heran.

Nun kann man einwenden, daß ein Unhold kaum vor einem kleinen, nur wenige Centimeter großen Amulett reißaus nehmen wird. Doch kommt hier etwas hinzu, was man im Zauber allgemein weiß: Daß auch ein kleines Symbol in der Geisterwelt durchaus große Wirkung haben kann. Allein unsere Gedanken an so einen kleinen Thorshammer rufen bereits Thors Kraft auf den Plan, und in unserer gedanklichen Vorstellung wird so ein kleiner Hammer ohne Maßstab groß erscheinen und seine Wirkung entfalten. In dem Eddazitat von Seite 48. hieß es ja, daß der Gott selbst den Hammer so klein machen kann, daß er ihn im Rock bzw. Hemd (das altnord. Wort „serkr" kann Hemd, Rock, Waffenrock oder Rüstung bedeuten) verbergen kann. Wir können daher umgekehrt folgern, daß Thor einen kleinen Hammmer auch groß und gewaltig werden lassen kann. Der Träger muß nur diesen Gedanken visualisieren, muß sich im Geiste vorstellen, wie sein Hammer, den er um den Hals trägt, groß wird und die Unholde schlägt.

Abb. 21: GGG-Weihehammer (1913).

Auch heute noch ist der Hammer des Gottes Thor Symbol und Erkennungszeichen für die Anhänger der heidnischen Naturreligion. Das Zeichen der der „Germanischen Glaubens-Gemeinschaft" (GGG, gegr. 1907/08) umfaßte u. a. auch einen Hammer, dessen Kopf nach oben weist. Außerdem gab es einen schweren bronzenen Hammer, der für Weihehandlungen verwendet wurde (Abb. 21).

Inzwischen sind heute zahllose Repliken der gefundenen vikingerzeitlichen Thorshämmer im Schmuckhandel erhältlich, in allen Größen und Materialien. Dazu kommen unzählige weitere, in unserer Zeit entworfene Thorshämmer, oft allerdings künstlerisch nicht wertvoll. Leider werden auch derartige Hämmer mit Totenkopfdarstellungen verkauft, die ein heiliges, göttliches Symbol der Kraft und des Lebens damit dem Tod und der Zerstörung weihen. Solche Thorshämmer sollte man nicht tragen, sie können kein Glück bringen.

Thorshämmer, die man sich kauft, sollten noch von einem Goden (heidnischen Priester) kultisch geweiht werden, wenn sie Kraft bekommen sollen; das Symbol des Hammers allein ist zwar stark, aber nicht ausreichend. Es kommen also mehrere entscheidende Dinge zusammen: Das Symbol des Hammers und der Bezug zum Gott Thor, das Material des Hammers, die Aufladung mit Kraft durch einen Goden und vor allem die Behandlung des Hammers durch seinen Träger: Würdigt er den Hammer als göttliches Symbol, respektiert er den Gott Thor, verehrt er ihn regelmäßig und hilft damit aktiv mit, die Kraft des Thorshammeramuletts zu bewahren und zu verstärken? Außerdem sollte ein Hammer nie von einem Fremden berührt werden, und der Träger sollte in seinem Hause dazu beitragen, eine besondere Atmosphäre zu schaffen, also Harmonie statt Disharmonie, Ordnung statt Unordnung, guten Geruch statt Gestank (z. B. durch Cigaretten) usw. schaffen. Den Hammer sollte man als eigene Wesenheit ansehen (wozu die Köpfe an manchen Hämmern mit beitragen) und entsprechend behandeln. Das Heilige darf nie profanisiert oder in unwürdiger Umgebung aufbewahrt werden, wenn es Kraft behalten soll.

Wir sahen, daß an Materialien eigentlich alles vorkam, was man damals verarbeitete. Esoterische Erwägungen, wonach Zinn das Material des Jupiter (= Thor) ist, Gold das der Sonne und Silber das des Mondes, stellten unsere Vorfahren offenbar nicht an. Es sollte ein gutes, möglichst teures und reines Material sein, also Gold und Silber, sogar Bernstein wegen seiner roten Farbe. Nur für die Verwendung im Alltag, an Wagen, Zaumzeug oder zum Rasseln nahm man das billige Eisen. Auch wird man auf Reisen und Kriegszügen nur einen einfachen Hammer getragen haben, da Gefahr bestand, den Hammer z. B. im Kampfe zu verlieren. Besonders kunstvolle Hämmer wird man eher auf Festen und im Hause getragen haben.

Thorshammeramulette sind heute also wieder das Erkennungszeichen für Heiden. Leider nutzen auch politische Extremisten aus der Skin-Head-Szene dieses Symbol, so daß es inzwischen bei vielen Menschen auch negative Gedanken hervorruft. Das sollte nicht sein, und es muß in unser aller Interesse liegen, diese Vereinnahmung eines Symboles (die dann in der Folge auch zum Verbot des Symboles führen könnte), zu verhindern. Andererseits darf ein religiöses Symbol nicht dazu führen, daß der Träger in seinen Rechten diskriminiert wird. Wenn das Museum der Wewelsburg etwa Träger eines Thorshammers nicht einläßt, dann ist das ein drastischer Verstoß gegen das Gebot der Religionsfreiheit des Grundgesetzes. Selbst wenn es sich um einen rechtsextremen Hammerträger handeln sollte, was nicht automatisch angenommen werden kann, muß ihm dennoch in staatlichen Stellen Zugang gewährt werden, solange das Symbol nicht verboten ist, sondern nur für eine bestimmte Religion oder politische Weltanschauung steht, denn das Grundgesetz garantiert auch die Freiheit der politischen Weltanschauung.

Kapitel 5

Verwendung des Hammers

Die Eddas stammen aus dem 11.-13. Jh. also aus christlicher Zeit, wenngleich in ihnen natürlich viele ältere Mythen enthalten sind. Wenn wir nun also weiter zurückgehen und erfahren wollen, seit wann sich die Menschen den Kraft- und Gewittergott mit Hammer vorstellen und wie der Hammer verwendet wurde, dann verliert sich der Ursprung im Dunkel der Vergangenheit.

Auf einem der schwedischen Felsbilder, nämlich dem von Hvitlycke, Gemeinde Tanum (Abb. 22), ist der Gott mit erhobener Axt zu sehen, während vor Ihm kleiner ein Liebespaar steht. Die Frau ist an ihren langen Haaren, der Mann an seiner nach hinten abstehenden Schwertscheide und dem aufgerichteten Zeugungsglied zu erkennen. Die beiden Liebenden küssen sich und sind – das ist entscheidend – am Unterschenkel miteinander verbunden. Das Verbinden von Braut und Bräutigam an den Beinen mit einem aus Ähren geflochtenen Bande ist uralter Brauch bei der Eheschließung; und noch heute legt der katholische Priester den Brautleuten ein Band um die beiden Hände. Über dieses Paar hält also der Hammergott Seine Axt, ohne daß sich die beiden Liebenden dadurch bedroht fühlen. Es ist also die Weihe der Ehe durch den Gott hier dargestellt. Das Felsbild ist schwer zu datieren; es stammt mindestens aus der Bronzezeit, vermutlich ist es aber noch älter. Da auf weiteren Felsbildern mit Fellen umwickelte Boote dargestellt sind,

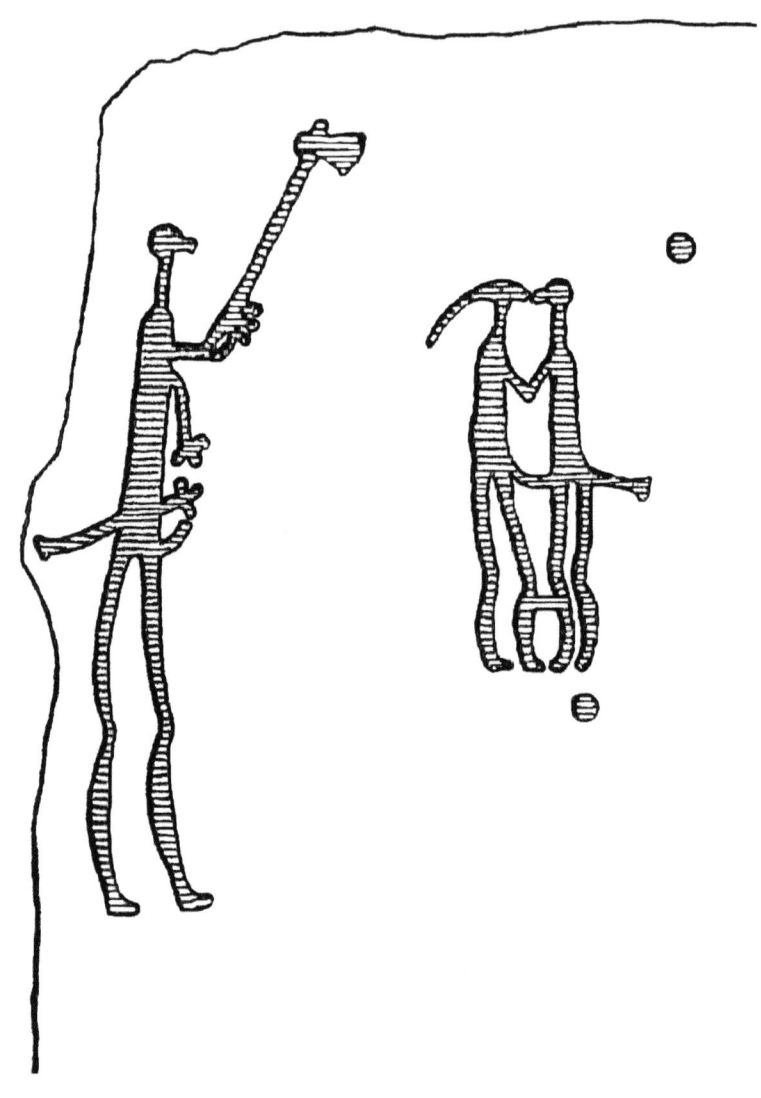

Abb. 22: Der Axtgott weit eine Ehe; die Köpfe scheinen vogelartig zu sein. Schwedisches Felsbild von Hvitlycke, Kreis Tanum, Jungsteinzeit/Bronzezeit.

werden wir wohl den Anfang der Felsbildzeit in die Jungsteinzeit legen müssen, als man diesen Typ Boot verwendete.

Es gibt noch viele weitere Darstellungen des Gottes mit der Axt auf den Felsbildern, z. B. aus Brastad, Domäne Bracka (Schweden), Abb. 23, doch ist es in den meisten Fällen nicht eindeutig, ob ein Gott zu sehen ist oder ein Krieger. Es könnte auch ein hochrangiger Anführer oder Priester sein, den wir dort sehen. Bei der Eheweihe ist es klar, da die Figur nicht nur übergroß ist, sondern das Paar auch nicht bedroht wird. Immerhin ist die Figur (rechts) auf dem Felsbild von Brastad übergroß und damit hervorgehoben. Hier tragen die Personen keine Vogelmasken, wie auf dem Felsbild von Hvitlycke. Auch hier scheint keine der Figuren von der großen phallischen Figur mit erhobener Axt bedroht zu sein.

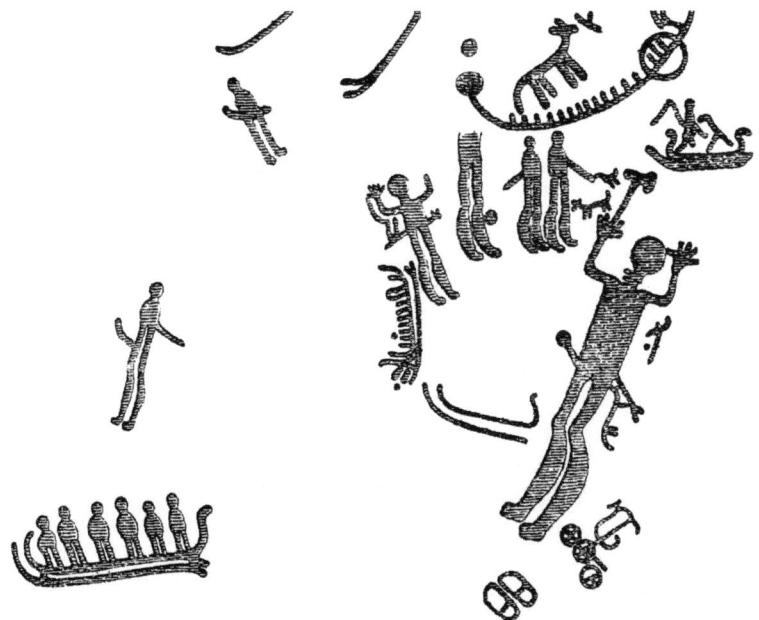

Abb. 23: Felsbild von Brastad, Domäne Bracka, Schweden. Die große Gestalt rechts kann der Axtgott (später Thor genannt) sein.

Auch in der Edda wird die Weihe einer Ehe mit dem Hammer Thors erwähnt. Der Riese Thrym hatte den Hammer gestohlen und unter der Erde in seinem Reich verborgen. Thor und Loki versuchen mit List den Hammer zurückzubekommen. Der Riese will ihn nur herausgeben, wenn ihm Freyja als Braut übergeben wird. So verkleidet sich Thor als Freyja, und als die Ehe mit dem Riesen geschlossen werden soll, wird dazu der Hammer hervorgeholt, mit dem Thor dann die Riesen erschlägt. Strophe 30 lautet:

> *»Da hob Thrym an, der Thursendrost (Fürst):*
> *„Bringt mir den Hammer, die Braut zu weihen,*
> *Legt den Mjöllnir der Maid auf die Knie*
> *Weiht uns zusammen mit der Hand der Var.«*

Diese Geschichte war so populär, daß sie noch in späteren Volksliedern weiterbesungen wurde. In einer Fassung aus Dänemark finden sich diese Strophen[20]:

> *»Bringt herein den Hammer nun,*
> *ich will diesen gern entbehren:*
> *Lieber scheid' ich von ihm als von der Braut,*
> *in Schande wohl oder Ehre.*
>
> *Kamen da der Kämpen acht,*
> *den Hammer tragend mit Mühe,*
> *nahten geschwind und legten ihn quer*
> *der jungen Braut auf die Kniee.*
>
> *Und da nahm die junge Braut*
> *den Hammer in ihre Hände:*
> *Und dieses tu ich sagen euch fürwahr,*
> *den Trollen, den naht ihr Ende.«*

Der Hammer ist in den Liedern meist aus Gold. Im Naturmythos ist die Zeit, da Thor den Hammer nicht hat, der Winter, wo Thor schläft und es nicht gewittert. In der Verkleidung der Frühlingsgöttin Freyja (Ostara) verbirgt sich Thor und erscheint mit der Wärme (Loki) bei den Riesen. Er erhält den Hammer zurück, was der Zeitpunkt der Frühlingsgleiche (um den 20. März) ist, wo das Osterfest gefeiert wurde, das im Norden Varblót hieß, nach der Göttin der Gelübde, Var, die auch in der Eddastrophe genannt wird. Das erste Frühlingsgewitter beendet dann die Herrschaft der Winterriesen, Thor erschlägt Thrym und sein Gefolge.

In den Mythen nutzt der Gott Thor den Hammer zuerst für den Kampf, wobei Er ihn wirft oder auch direkt mit ihm zuschlägt. Da der Hammer von selbst zurückkehrt wie ein Bumerang, kann Thor ihn auch mehrfach werfen, entwaffnet sich also durch den Wurf nicht selbst.

Abb. 25: Halskette mit Glasperlen und zwei Thorshämmern von Hansdorf am Drausensee, Pommern, Deutschland, 9./10. Jh.

Die Weihe einer Ehe mit dem Hammer hat sich auch noch lange in christlicher Zeit erhalten: In den Niederlanden wurde die Ehe von Königin Beatrix mit Claus von Amsberg mit einem Hammer geschlossen. Die Brautweihe durch den Hammer hat sich auch in Deutschland erhalten, wobei der Braut der Hammer auf die Knie gelegt wurde. Beim Minnedichter Frauenlob (II, I) finden wir die Aussage der Maria:

»der smît ûz oberlande warf sînen hamer in mîne schôz«

Hier hat man auch versucht, den Hammer phallisch zu deuten, zumal das männliche Glied auch „Hammerstiel" genannt wurde.

Im schottischen Ort Gretna Green ist der Hammerschmied zugleich Friedensrichter und hat die Befugnis, Ehen zu schließen. In früheren Zeiten flüchteten Paare dorthin, denen von ihren Eltern die Ehe nicht gestattet war, und ließen sich dort vom Schmied trauen, der nicht nach der Erlaubnis der Eltern fragte. Vermutlich war der Schmied einst eine mythische Persönlichkeit, da er durch sein Hämmern Funken erzeugen konnte. Die Schmiede galt wohl in ältesten Zeiten als eine Art Männerhaus; daher hatten Schmiede besondere soziale Funktionen, etwa bei der Regelung der Wehrfähigkeit, des Kultes oder der Liebesverbindungen. Deswegen wurde der (Schmiede-)hammer auch zum Ladezeichen für die Volksversammlung der Männer.

Aus dem 6. Jh. stammt die Fibel (Spange) A von Nordendorf, Bayern (Abb. 25). Auf ihrer Innenseite findet sich eine Runeninschrift[21]:

»loga þore | wodan |
wigi þonar | awa leubwinie«

Abb. 25: Nordendorfer Fibel mit Runeninschrift auf der Rückseite.

Die ältere Übersetzung lautete „Die Heirat ersiege Wodan, weihe Donar, Heil dem Leubwin". Heute ist man geneigt, den ersten Begriff „Logathore" mit dem Beinamen Lokis, „Lodurr" (= arglistig) zu verbinden oder aber mit „Zauberer" (Mehrzahl) zu übersetzen. Ich gehe davon aus, daß diese Spange ein Geschenk war und der Schenker (oder die Schenkerin) damit die Beschenkte (oder den Beschenkten) mit Zauber zur Liebe oder Ehe bringen wollte. Die zwei oder drei Götternamen stehen dabei in positivem Zusammenhang, sollten den Zauber wirksam machen. Die Übersetzung mit „Arglistig sind Wodan und Weihe-Donar" ergibt keinen Sinn; so eine Götterbeleidigung hätte sich auch ein Christ des 6. Jh. aus Angst nicht erlaubt. Der Name „Leubwin" bedeutet der „liebe Freund" oder „Liebesfreund", dem Heil („awa", falls es kein Eigenname ist: „Awa dem Liebesfreund") zuteil werden soll.

Eine nordische Sage erzählt, daß Thor einst menschliche Hochzeiten besuchte. Wo Er gut bewirtet wurde, zog Glück ins Haus ein; ein ungastliches Brautpaar aber begrub er vor den Augen der gastfreien Brautleute unter einem Bergsturz. Vielleicht ist das ein Hinweis auf Speiseopfer für Thor an Hochzeiten.

In den Beispielen der Weihe einer Braut, Ehe oder einer Runeninschrift geht es darum, negative Energien, also Riesen, Thursen, abzuwehren. Der Braut wird der Hammer in den Schoß gelegt, damit sie fruchtbar werde und damit ein Kind nicht von Riesen (Dämonen) beeinflußt wird. Der Hammer ist hier das Symbol der ganzen göttlichen Macht, während eine phallische Bedeutung eher sekundär ist. Sie findet sich allerdings im Volksglauben zum Donnerkeil, der auch gegen Geschlechtskrankheiten und Sterilität hilft, daneben bei Harn-, Stein- und Blasenkrankheiten angewendet wurde.

Die Ehe wird geweiht, damit sie glücklich wird und Trolle und böse Geister ihr nicht schaden können. Vor dem Hammer fliehen also die Dämonen.

In diesem Sinne scheint die Weiheformel auch in einem alten Zauberspruch von 1073 verwendet worden zu sein. Sie findet sich im Codex Cottonianum Caligula A XV, 4to, 119v-120r, der sich im Britischen Museum befindet. Es ist der Canterbury-Zauberspruch, vielleicht von der Insel Man, welcher lautet:

»kuril sarþuara far þu | nu fruntin is tu | þur uigi þik þ[u]rsa trutin | kuril sarþuara uiþr aþrauari«

(„Gyril Verwunder, geh nun, du bist gefunden! Thor weihe dich, der Thursen Drost, Gyril Verwunder – Wider Blutgift")

Es handelt sich also um einen Zauberspruch gegen Blutgift (Blutvergiftung) wohl durch ein Eitergeschwür. Hier soll Thor den Krankheitsdämon, den „Verwunder" also forttreiben.

Wir finden auf einigen Runensteinen auch eine Weiheinschrift, die bezeugt, daß diese Steine oder Inschriften entsprechend unter Anrufung des Gottes Thor geweiht wurden. Es sind die Runensteine von[22]:

Glavendrup, Nordfünen, um 900: »þur uiki þasi runaR«
Väne Åsaka, Västergötland, 10. Jh.: »þur uiki«
Virring, Nordjütland, Ende 10. Jh.: »þur uiki þisi kuml«
Sønder Kirkeby, Falster, Ende 10. Jh.: »[þ]ur uiki runaR«
Skälby, Uppland, Schweden: »[u]iki þoru«
Juresta, Södermannland, Schweden: »siþi þur«.
Hier soll Thor also die Runen (runaR) weihen, oder das Grabdenk-
mal (kuml), oder Er soll es nur schützen (sithi).

In der Jüngeren Edda weiht Thor das Schiff mit dem toten Körper
von Balder und Nanna mit dem Hammer. Ob Er hier auch nur
schädigende Geister, Unholde, abwehren will oder ob es ein Hinweis auf eine Wiedergeburt ist, was ich denke (zumal ja Riesen an-
wesend sind), ist nicht klar. Es heißt in der Gylfaginning 49:

*»Da trat Hyrrokkin an das Vorderteil des Schiffes und stieß es im ersten An-
fassen vor, daß Feuer aus den Walzen fuhr und alle Lande zitterten. Da ward
Thor zornig und griff nach dem Hammer und würde ihr das Haupt zerschmettert haben, wenn ihr nicht alle Götter Frieden erbeten hätten. Da wurde Balders Leiche hinaus auf das Schiff getragen und als sein Weib Nanna, Neps
Tochter, das sah, da zersprang sie vor Jammer und starb. Da ward sie auf den
Scheiterhaufen gebracht und Feuer darunter gezündet, und Thor trat hinzu
und weihte den Scheiterhaufen mit Mjöllnir, und vor seinen Füßen lief der
Zwerg, der Litur hieß, und Thor stieß mit dem Fuß nach ihm und warf ihn
ins Feuer, daß er verbrannte.«*

Tatsächlich finden wir auf Grabsteinen der heidnischen Zeit die
Darstellungen eines oder zweier Hämmer (siehe Abb. 18, S. 65).
Beim Tode des Papstes wird mit einem goldenen Hammer dreimal
an das Sterbezimmer geschlagen. Stirbt ein Hausbewohner, soll
man mit dem Hammer oder einer Axt an die vier Hausecken schlagen. Nach der Sage kann ein Mörder dadurch herbeigerufen wer-

den, daß man mit einem Hammer auf den Sarg des Ermordeten schlägt. Der Hammerschlag trifft den Mörder dann ins Herz. Möglicherweise ließ man auch eiserne Thorshämmer am Zaumzeug der Pferde oder dem Wagen, auf dem ein Verstorbener zu Grabe gefahren wurde, bewußt laut klappern, um so Unholde fernzuhalten. Die gefundenen Thorshammerringe (siehe Abb. 26, Beschreibung Seite 71f) deute ich in diesem Sinne, da ja auch Rasseln in vikingerzeitlichen Gräbern gefunden wurden.

Die Wiederbelebung seiner Ziegenböcke wird auch in der Gylfaginning geschildert. In Kap. 44 heißt es:

»Der Anfang dieser Erzählung ist nun, daß Öku-Thorr ausfuhr mit seinem Wagen und seinen Böcken und mit ihm der Ase, der Loki heißt. Da kamen sie am Abend zu einem Bauern und fanden da Herberge. Zur Nacht nahm Thor seine Böcke und schlachtete sie; darauf wurden sie abgezogen und in den Kessel getragen. Und als sie gesotten waren, setzte sich Thor mit seinem Gefährten zum Nachtmahl. Thor bat auch den Bauern, seine Frau und beide Kinder, mit ihm zu speisen. Des Bauern Sohn hieß Thjalfi und die Tochter Röskva. Da legte Thor die Bocksfelle neben den Herd, und sagte, der Bauer und seine Hausleute möchten die Knochen auf die Felle werfen. Thjalfi, des Bauern Sohn, hatte das Schenkelbein des einen Bocks, das schlug er mit seinem Messer entzwei, um zum Mark zu kommen. Thor blieb die Nacht da und am Morgen stand er vor Tag auf, kleidete sich, nahm den Hammer Mjöllnir und erhob ihn, die Bocksfelle zu weihen. Da standen die Böcke auf; aber dem einen lahmte das Hinterbein. Thor befand es und sagte, der Bauer oder seine Hausgenossen müßten unvorsichtig mit den Knochen des Bocks umgegangen sein, denn er sehe, das eine Schenkelbein wäre zerbrochen.«

Den falschen Rat, das Schenkelbein zu brechen, hatte Loki gegeben, und zur Buße gab der Bauer dem Thor seine beiden Kinder als Dienstleute mit.

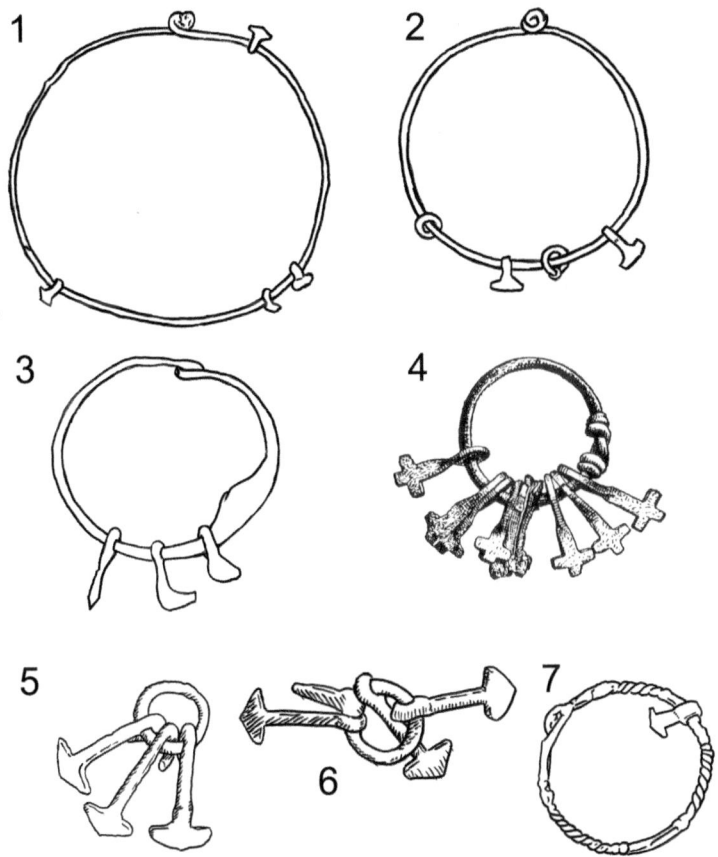

Abb. 26: Eiserne Thorshammerringe, Vikingerzeit. Beschreibung siehe S. 71.

Der Mythos der Wiederbelebung der Böcke nur aus den Knochen und Fellen durch die Weihe mit dem Hammer ist uralt und enthält Hinweise auf Opfergebräuche. Schon im Rigveda findet sich eine ähnliche Belebung, und auch der celtische Donnergott kann – nach der Sage – mit seinem Hammer töten und wiederbeleben. Auch in Tiroler Sagen ist das Motiv vom geschlachteten, wiedererweckten aber nun lahmenden Vieh erhalten, ohne den Gott zu nennen.

Es war Brauch, daß die Häute und Knochen geopferter Tiere unzerstört in den Heiligtümern niedergelegt werden sollten, da man auch hier davon ausging, daß das geopferte Tier so unversehrt ins Jenseits zu den Göttern gelangen würde. Hier erscheint der Hammer also nicht als Waffe, um Trolle zu vertreiben, sondern als kraftspendendes Gerät, welches sogar Leben erzeugen kann.

In der Fostbroedra saga[23] findet sich die Beschreibung eines Unsichtbarkeitszaubers, der mithilfe eines Stuhles, auf dessen Lehne ein Bild Thors eingeschnitzt ist, bewerkstelligt wird. Der Hammer wird extra erwähnt:

»*Gamlis Weib Grima hatte einen großen Stuhl. Auf seiner Rücklehne war ein mächtiges Thorbildnis geschnitzt. Grima sagte nun am Morgen: „Jetzt will ich bestimmen, was heute geschehen soll. Meinen Stuhl stell' ich mitten auf den Estrich in die Stube. Auf ihm, Thormod, sollst du sitzen, wenn die Männer kommen. Ich will nicht, daß du vom Stuhle aufstehst, so lange Thordis auf dem Hofe ist. Wenn es dir nun auch scheint, als gingen seltsame Dinge vor oder als drohe dir Unfrieden, stehe doch nie von dem Stuhle auf, denn, wenn dir der Tod bestimmt ist, hilft's dir auch nicht dich in den Winkel zu ducken" (...)*«

Die Gegner, von Thordis angeführt, kommen nun, durchsuchen das Haus, finden Thormod aber nicht. Sie gehen ein zweites Mal und es heißt:

»*Jetzt konnten sie alles in der Stube sehen. Sie sahen den Stuhl der Grima mitten auf dem Estrich stehen und das Bild Thors mit seinem Hammer, das auf dessen Rücklehne geschnitzt war. Aber Thormod konnten sie nicht sehen. So verließen sie die Stube und gingen wieder zur Tür. Da sagte Thordis: „Bei Grima blieb noch etwas Heidentum zurück. Denn Thors Bildnis ist doch in die Rücklehne ihres Stuhles geschnitzt".*«

Hierzu ist der verbreitete Glaube interessant, daß im Volksglauben auch der Besitz eines Donnerkeils unsichtbar macht.

In Gotland hämmert man, wenn der Regen ausbleibt, mit schweren Thorshämmern. Man wollte wohl mit dem Blitzsymbol die Wolken spalten, so daß es regnet[24]. Saxo Grammaticus überliefert uns den Brauch, wo man mit altverehrten schweren Thorshämmern klopfte, wenn der Gewitterregen zu lange ausblieb.

In der Sage hat der Teufel als Ersatz für den Gott Thor einen silbernen Hammer, den er im Zorne nach dem Plöner Schloß, welches gerade erbaut wird, wirft[25].

In ganz Deutschland ist eine Sage überliefert, nach der zwei Riesen, die nur einen Hammer haben, sich diesen zuwerfen. Offenbar ist hier Thor durch einen Riesen ersetzt worden, und aus dem Kampf wird ein Zuwerfen[26].
In Skandinavien ist der Glaube, daß Thors Hammer (böse) Kobolde vernichtet, noch verbreitet. In einem deutschen Kinderlied ist dieser Zug erhalten[27]:

»slâ hammer: slâ bussenmann dôt«

Der Bussenmann ist der Butzemann, der Butz oder Hauskobold.

Zauberer nennt man in bestimmten Gegenden geradezu „Meister Hemmerlein" oder „Hemmerleinsführer" , d. h. „Hammerführer" oder „Hammerträger". Vielleicht stammt diese Bezeichnung von heidnischen Zauberern oder Priestern, die den Hammer führten und damit Weihe- oder Rechtshandlungen durchführten. Später übertrug man diese Bezeichnungen auch auf den Teufel, der nun „Meister Hemmerlein" genannt wurde.

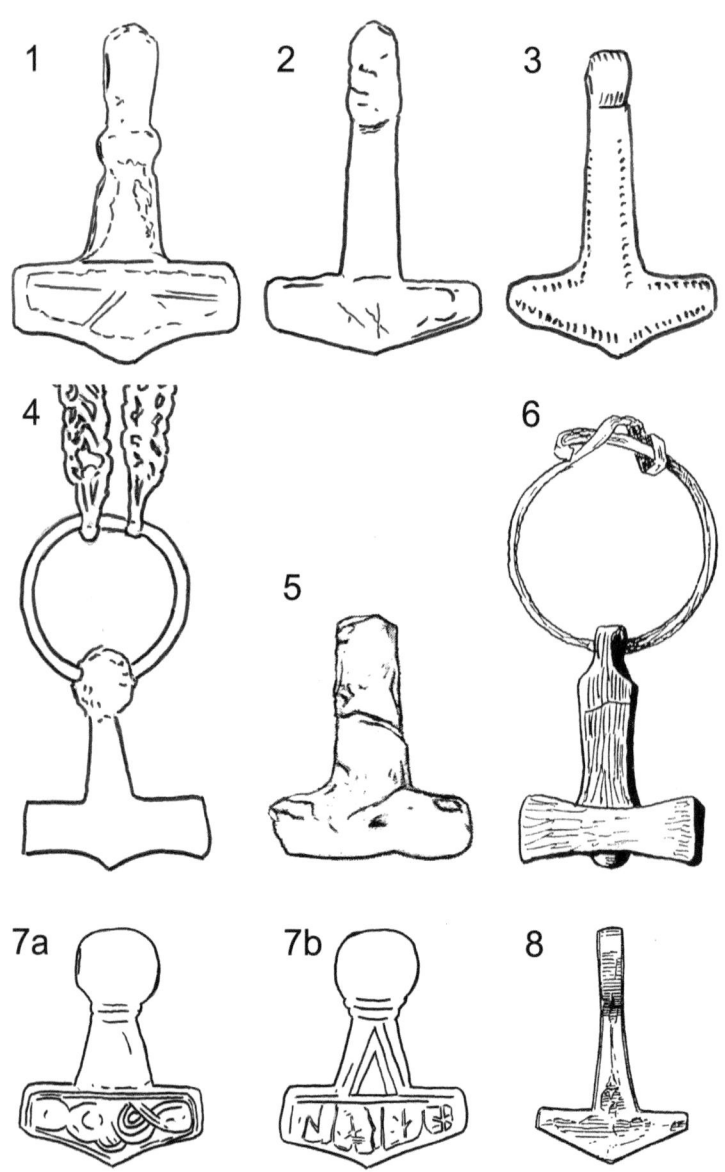

Abb. 27: Verschiedene einfache Thorshämmer. Beschreibung siehe Seite 69.

Ein vielleicht abwegiger Gedanke zur Verwendung von einfachen Thorshämmern aus Eisen drängte sich mir noch auf. Wenn man früher Feuer entzünden wollte, konnte man einen Holzstab quirlen, bis er glühte, oder aber man nahm einen eisernen Feuerschläger (der wird mit der Hand ähnlich einem Schlagring getragen) und schlug damit auf die Kante eines Flintsteines; die Funken, die so entstehen, läßt man auf den Bast vom Rohrkolben oder einem Zündschwamm fallen, so daß dieser sich entzündet.

Wenn man nun keinen eisernen Feuerschläger hat, kann man auch einen eisernen, einfachen Thorshammer benutzen (Figuren 1-3 und 8 auf Abb. 27). Man nimmt den Hammerstiel zwischen Mittel und Zeigefinger der rechten Hand, so daß der Hammerkopf nach außen weist. So schlägt man auf die Kante eines Flintsteinstücks, welches man in der linken Hand hält. Unten liegt der Bast vom Rohrkolben, auf den die geschlagenen Funken fallen sollen. Man schlägt so lange Funken, bis sich der Bast entzündet.

Hierbei sind alle drei benötigten Dinge dem Thor geweiht, der Hammer natürlich, der Flintstein (als Donnerstein) und der Bast vom Rohrkolben, da der Rohrkolben ja „Pumpans Keule" heißt und Pumpan der märkische Name des Donnergottes ist.

Einige Neuheiden benutzen heute einen kleinen Thorshammer an einer Lederschnur auch als siderisches Pendel. Wenn man irgendeine Frage hat, hält man die Schnur mit der rechten Hand hoch, so daß der Hammer frei schwingen kann, und stellt seine Frage. Schwingt der Hammer seitlich hin und her, so bedeutet dies eine Verneinung, schwingt er vor und zurück (zur fragenden Person) ist es eine Bejahung, kreist er im Uhrzeigersinn ist es gut und harmonisch, in anderer Richtung schlecht. Unten liegen Buchstaben, die der Hammer durch sein Schwingen anzeigt und die zur Antwort gefügt und ergänzt werden müssen. Auf diese Weise kann auch irgendein Gegenstand „untersucht" werden, den man dazu unter den Hammer legt und dann pendelt.

In einem Bericht über den Prozeß des Hilarius und Patricius im Jahre 371 u. Zt., die auf Betreiben des Kaisers Valens angeklagt wurden, weil sie durch das Pendel den Namen des zukünftigen Kaisers ermitteln wollten, erfahren wir mehr vom Pendeln. Sie pendelten mit einem an einem dünnen Faden hängenden, geweihten Ring über einem aus Loorbeerzweigen gefertigten und geweihten Dreifuß, auf dem eine aus verschiedenen Metallen gebildete runde Scheibe lag, die die 24 Zeichen des griechischen Alphabetes auf ihrem Rande hatte. Der Pendelnde war in weißes Leinen gehüllt und mit heiligem Laube bekränzt. Der schwingende Ring berührte die Randbuchstaben in einer Reihenfolge, die zu Wörtern und einem Orakelvers führten. Tatsächlich fanden die damals Angeklagten die Buchstaben Th-E-O-D heraus, was zutraf (Theodosios), dennoch wurden sie hingerichtet.

Im Berliner Museum ist eine kreisrunde, konvexe Metallscheibe erhalten, die die griechischen Buchstaben, Hieroglyphen, Zauberzeichen und Zauberworte trägt und die aus der 1. Hälfte des 3. Jhs. u. Zt. stammt. Auch der Tisch mit dreieckiger Grund- und kreisrunder Deckplatte sowie ein Ring und ein Nagel sind erhalten.

Es ist möglich, wenn auch nicht beweisbar, daß auch unsere Vorfahren ähnliches mit Thorshammeramuletten getan haben, zumal sie so etwas bei Römern oder Griechen sicher sehen konnten. Denkbar ist auch, daß sie die Runenstäbchen im Kreise anordneten und dann pendelten.

Ob der Pendler das Pendel unbewußt selbst bewegt und so sein Unterbewußtsein erschließt oder aber Geister und höhere Mächte mitwirken, wie man das in der Antike glaubte, ist letztendlich nicht entscheidend, wenn die Antwort nur wahr ist.

Kapitel 6

Volksglaube zum Hammer

Daß die gefundenen steinernen Donnerkeile mehr Kraft haben als eiserne Äxte, moderne Hämmer usw. ist nachvollziehbar, denn erstere sind quasi vom Himmel gefallen und kommen also direkt von der Gottheit, während die menschlichen Nachbildungen zuerst Symbole sind.

Findet man einen Donnerkeil, bringt er Glück und kann als Heilmittel verwendet werden; findet man Axt oder Hammer, ist das auch ein gutes Zeichen. Schon der Besitz des Donnersteins verleiht dem Träger nach dem Volksglauben gewaltige Stärke und Zauberkraft. Unter dieser Zauberkraft ist allerdings nicht zu verstehen, daß man Dinge gegen die Naturgesetze bewirken kann, sondern ist wohl eher an eine starke Aura, an eine starke Ausstrahlung zu denken; man nennt diese Kraft wissenschaftlich „Orenda", germanisch „Megin" (magische Macht). Am Körper getragen schützt der Donnerstein gegen Hexenzauber, Blitzschlag und Krankheiten; ja, man legt ihn später seinem Träger ins Grab, damit dieser den Weg zu seinen Verwandten im Jenseits findet – eher aber, um ihm die nötige Götterkraft auch im Jenseits zu sichern. Auch nahm man als Grabbeigabe einen Feuerstein. So ein Amulett darf aber nicht profanisiert werden; der Hammer oder das Steinbeil dürfen nicht für gewöhnliche Arbeiten verwendet werden. Wer ihn verschenkt, der wird selbst vom Blitz getroffen. In Telemarken wird der Donnerkeil jeden Donnerstag mit Butter bestrichen, was als Opfergabe gedeutet wird. Donnerkeile haben Heilkraft, stillen Blutungen und lindern Frauenkrankheiten; stillende Mütter werden vor plötzlichem Erschrecken geschützt, was ihre Milch schädigt. Eine Axt unter das Bett der Gebärenden gelegt, schützt davor, daß das Herzblut nicht entweiche, oder man haut damit in die Türschwelle. Auch neben dem Bett oder sogar unter dem Kopfkissen schützen diese Gegenstände vor bösen Geistern. Wenn man damit den Leib einer Gebärenden berührt oder den Donnerkeil ihr in die Hand gibt, erleichtert das die Geburt. Das Neugeborene wurde mit dem Hammer geweiht und so unter den Schutz Donars gestellt; später trat das christliche Kreuz an die Stelle des Hammers. Der Donnerkeil hilft auch gegen die stechenden Schmerzen der Rippenfellentzündung (Pleuritis); ein blauer oder grauer Donnerkeil hilft gegen Krämpfe. Weiters hilft der Donnerkeil bei Alpdrücken, gegen Behexung und gegen nächtliches Blendwerk. Bindet man eine Schnur um einen Donnerkeil, dann wird diese unbrennbar; so kann auch erkannt werden, ob es ein echter Donnerkeil ist – brennt die Schnur, ist er unecht.

Das Bestreichen mit einem Donnerkeil hilft gegen Enzündungen, Bisse, Geschwüre, Furunkel, Warzen, Gesichtsrose, Hals- und Kopfweh, Brustentzündungen, Seitenstechen oder Brüche. Abschabsel vom Donnerkeil nimmt man gegen Bauchweh, Krämpfe, Fieber, für kranke Kinder und zur Heilung von Wunden.

In Frankreich sagt man, daß der Donnerkeil, den man bei sich trägt, auch vor Rekrutierung in die Armee schützt. Das erinnert daran, daß Thor der Gott der Landwirte ist, nicht der Gott der Krieger wie Odin. Wer also Thors Zeichen trägt, zeigt sich damit als Anhänger des Bauerngottes und wird daher nicht in einen Bereich des Kriegsgottes hineingezogen. Ist man aber Soldat, dann schützt der getragene Donnerkeil vor Kugeln des Feindes.

Abb. 28, oben: Der Goldschmuck von Neuendorf, Hiddensee, Pommern, 10. Jh. mit zehn Kreuzhämmern. Unten: Thorshammeranhänger aus einem Hortfund des Michailowski-Klosters, Kiew, Ukraine, 10. Jh.

Kinder schützt die Axt oder der „Kreuzhammer" vor Mahren und Schräten (schadenden Geistern); und wenn ein Kind nicht schlafen kann, so haut man mit der Hacke in den Hackblock und legt das Kind dann wieder in die Wiege. Der das Kind bedrängende Unhold wird so vertrieben. Donnerkeile bindet man auch Kindern um den Hals als Schutz gegen elbische Wesen, die Krankheiten bringen. Schlägt man mit der Hacke an die Bettstelle, werden Wanzen vertrieben. Ungeziefer wird ja im Brauchtum mit schädigenden Geistern gleichgewertet. Unter dem Begriff „Kreuzhammer" versteht man ganz unterschiedliche Hämmer: Kreuzförmige Hämmer der Kupferschmiede oder Thorshämmer in Kreuzform, wie z. B. beim Goldschmuck von Hiddensee, den ich schon auf S. 69 erwähnt hatte. Die Abbildung 28 zeigt diesen Schmuck mit seinen Kreuzhämmern.

Es gab sogar Dörfer, wo ein besonderer, zauberkräftiger Hammer in der Nachbarschaft verliehen wurde, wenn dort jemand erkrankte; man verborgte auch gegen Bezahlung Donnerkeile. Da Axt, Beil (der Volksmund unterscheidet beide nicht und spricht meist von „Hacken"), Hammer oder Donnerkeil mit Thor und dem Gewitter in Verbindung stehen, werden diese Gegenstände, die Donnersteine, auch vorzugsweise als Schutz vor Gewitter und Blitz verwendet. Wenn ein Gewitter heraufzieht, steckt man den Finger durch das Stielloch der Steinaxt, dreht sie unter Sprechen von Zauberworten drei Mal herum und wirft sie mit aller Kraft gegen die Stubentür. Oder man legt den Donnerstein auf den Tisch, den Herd oder das Fensterbrett. Beim Legen auf das Fensterbrett scheint nicht nur die Abwehr des Blitzschlages bezweckt zu sein, sondern der Donnerstein wird durch sein Liegen im Gewitter auch wieder mit der Kraft des Gottes neu aufgeladen. Aber Thor ist auch ein Gott, der Dämonen vertreibt, daher helfen Seine Attribute gegen Unholde, Krankheitsdämonen und Ungeziefer. Wenn nämlich diese Dämonen (Unholde, also Hexen, Mare, Alben, Gespenster, Trolle, Riesen) vertrieben werden oder abgehalten, dann bleiben Mensch und Tier gesund. Im Stall irgendwo angebracht schützt eine Steinaxt gegen Krankheiten des Viehs. In einem Drudensegen (Segen gegen Drude, böse Geister) aus Niederösterreich kommt das Werfen einer blutigen Hack'l (Axt) gegen die Drude vor, und ein Donnerkeil neben dem Butterfaß hilft gegen Hexen, also schädigende Geister. Wenn das Buttern nicht gelingen will, legt man den Donnerkeil sogar in das Butterfaß.

Schon in die Grundmauern des Hauses oder Stalls wird ein Axtstein oder Donnerkeil eingemauert oder unter den Eingang gelegt, auch wohl unter oder bei dem Herd verborgen, als Schutz gegen Blitz. Ja, Steinbeile wurden sogar auf dem Dach als Blitzableiter aufgestellt. Der Gott soll gleich sehen, daß hier Seine Kraft vorhanden ist und ein Blitzschlag gegen Dämonen nicht nötig ist, um den Ort zu reinigen. Selbst wenn man ein Beil hinlegt, achtet man darauf, daß die Schneide nach oben weist, damit der Hagel das Getreide nicht vernichte.

Aber nicht überall hat man schon beim Erbauen des Hauses diese Schutzzeichen eingemauert. Deswegen gibt es auch Bräuche, die direkt vor einem drohenden Gewitter und als Schutz vor Blitzschlag ausgeführt werden: Die Axt wird vor dem Hause oder in der Dachtraufe mit der Schneide nach oben aufgestellt. Fällt nun ein Hagelkorn auf die Schneide und wird gespalten, hört der Hagel schnell auf. Aus Böhmen stammt eine Überlieferung von 1585, wonach man um Hagelschlag zu verscheuchen, beim Herannahen eines Unwetters eine Hacke (Axt, Beil) gegen den Himmel warf. Schon in der Antike warf man nach Palladius (I, 35, I) blutige Beile zum Himmel. In der Oberpfalz schlug man mit der Axt bei Gewitter drei Kreuze auf den Boden. Auch hängt man einen Donnerstein an den Obstbaum, um ihn vor Blitzschlag zu schützen. Einen Donnerkeil hängt man an verdorrte Bäume, damit sie wieder gedeihen.

In Montagny (Frankreich) werden sogar zwei Äxte kreuzweise auf-gestellt, mit den Schneiden nach oben – dies ist eine Nachahmung des Hammerzeichens, die es andernorts dadurch gibt, daß Axt und Besen gekreuzt hingelegt werden als Schutz an der Schwelle für die Wöchnerin, wobei die Axt noch mit Wasser und Kohlen (zuweilen sogar mit glühenden) besprengt wird. Hier finden wir also Wasser (Regen) und Kohlen (Glut, Feuer, Blitz) sowie das Hammerzeichen (siehe Kapitel 7).

Zu bestimmten Festtagen ziehen Burschen oder Kinder herum, um mit hölzernen Hämmern an Türpfosten zu schlagen. Dies ge-schieht z. B. zu Allerheiligen (dem alten Winternacht-Opferfest), an den letzten drei Donnerstagen vor Weihnachten (den „Klöpfles-nächten") und zu Frühlingsanfang. Böse Dämonen, aber auch Un-geziefer sollen so vertrieben werden. Zu Petri Stuhlfeier im Hor-nung (Februar), Gründonnerstag und Karsonnabend (also der Zeit vor Ostern) ziehen Kinder von Haus zu Haus, klopfen mit dem Hammer an die Türpfosten und sagen einen alten Bannspruch ge-gen Ungeziefer auf. Petrus ist ein christlicher Ersatz für Donar, und Ostern war das wichtigste Fest des Donar. Ich vermute, daß die in Mittelschweden gefundenen Thorshammerringe (Abb. 26, S. 87) auch zum Klappern bei Lärmbräuchen dienten.

Auch an die Obstbäume klopft man mit einem Holzhammer; gegen die Raupen, am Karfreitag schlägt man mit einer Axt an das Bett. Am Dreikönigstag (dem alten Ende des Julfestes) schlagen die Schmiede mit dem Hammer auf den Amboß, um schadende Gei-ster abzuwehren. Die Verbindung des Anklopfens an Donnersta-gen macht deutlich, daß es ein Brauch ist, der sich auf Thors Ham-mer bezieht und nicht etwa ein reiner Lärmbrauch. Thor wurde ja auch im Julfest (Weihnachten) verehrt, wie die folgende Teststelle aus Upphaf ríkis Haralds hárfagra[28] belegt:

»Keiner der Halfdangesellen hatte ein Weihnachtsgeschenk; Thor erhielt all
sein Julopfer von Harald, der sich mit seinen Freunden vorbereitet hatte, aber
Odin erhielt es von Halfdan.«

Hammerschlag (am besten ist noch glühender Hammerschlag) oder
Eisenspäne aufs Grab gelegt, wehrt böse Geister ab. Im christlichen Mythos ist es Petrus, der an seiner Stuhlfeier im Februar einen
glühenden Stein ins Wasser wirft, so daß es warm wird. Im Volksglauben erhält Wasser, in das ein Steinbeil geworfen wurde, Heilkraft.

In Dänemark und Schweden wirft man am Vorabend des Grün-
donnerstages Beile auf die Saatfelder für Fruchtbarkeit; die Beile
stehen hier wieder für den Hammer des Gottes. In gleicher Weise
wird der Donnerkeil verwendet, wobei allerdings in der Edda (Bragerœður 8, siehe Seite 55f) davor gewarnt wird, einen Schleifstein
quer über die Tenne zu werfen, da sich dann der Schleifstein in
Thors Kopf bewegt. Der bretonische Ersatzheilige Sankt Sezny
wirft nach der bretonischen Sage an der Küste seinen Hammer auf
ein ödes Feld, so daß das Getreide in einer Nacht zu vollen reifen
Ähren heranwächst. Und wenn der Donnerkeil im Sätuch getragen
wird, gedeiht das Korn besser.

Man legt die Axt auch einfach an die Schwelle, meist mit der
Schneide nach oben; darüber schreitet dann der Taufzug, junge
Eheleute bei ihrem Einzug in ein neues Haus. Selbst eine Leiche
wird über diese Axt getragen; ein Sarg wird über zwei kreuzweise
gelegte Äxte (Hammerzeichen) an der Grundstücksgrenze getragen.
Ein Fremder am Luzientag (13. 12.) muß sich über die Axt entfer-
nen, um das Glück des Hauses nicht mit sich zu nehmen. Mit der
Axt auf der Türschwelle bannt man auch den Schlag (Apoplexie),
doch sollen Kinder nicht darüber gehen, da dies ihrem Wachstum
schadet.

Abb. 29: Silberner Thorshammer von Vålse, Falster, Dänemark, 900-950.
Der Hammer ist 2,8 cm lang.

Viele Bräuche gibt es, um das Vieh zu schützen, die meist mit Axt oder Beil (Hacke) ausgeführt werden. Schon in einer Handschrift des 14. Jhs. zu Sankt Florian finden wir die Hacke (ekkl) in diesem Sinne erwähnt[29]:

»So man eine chue (Kuh) an die waid (Weide) treibt, so grebt man ein ekkl unter den gatern (Gattern) und treibt das viech darüber, so mag man sew nicht zaubern (verzaubern)«.

Wird die Hacke mit der Schneide nach außen gelegt und das Vieh darüber getrieben, ist es geschützt. In den Zwölf Nächten (Julfest) treibt man das Vieh über eine vor dem Stall mit der Schneide zum Stall liegende Axt. Zu Neujahr haut man ein Beil in die Schwelle; treibt man dann das Vieh darüber, ist es das ganze Jahr vor Hexen (also schadenden Geistern) geschützt. Man wickelt die Hacke auch in roten Stoff oder legt ein Feuerzeug dazu, dann soll das darübergetriebene Vieh nicht das rote Wasser bekommen. Die Axt wird auch über der Stalltür hingelegt oder zu Neujahr oder am Maitag in die Krippe gelegt. In Assighausen ging der Hirt, wenn er die Schafe eingepfercht hatte, dreimal um die Hürden und schlug dabei mit seinem Hammer auf die Pfähle. Das soll die Herde schützen. Abschabsel vom Donnerkeil gibt man dem Vieh ins Futter gegen Krankheiten. Die Euter der Kühe werden mit Donnerkeilen bestrichen, damit die Kühe reichlich Milch geben. Eine kranke Kuh wird gesund, wenn man sie durch das Loch des Donnerkeils melkt.

Um Wind zu bewirken, schlug man bei Quiberon (Frankreich) mit einem Hammer in eines der prähistorischen Näpfchen eines Dolmen (Megalithgrabes).

Natürlich bewirkt das Symbol des Gottes auch Heilungen, insbesondere Blutstillen; auf das Blutstillen kann auch der Mythos gedeutet werden, wo sich Thor bei Geirröds Töchtern aus einem Fluß (dem Blutfluß) dadurch rettet, daß Er eine Eberesche ergreift, die Seine Rettung wurde (Bragerœður 9). Ebereschensaft bewirkt, daß eine blutende Wunde aufhört zu bluten.

Es muß aber noch erwähnt werden, daß man nicht alle Donnerkeile, Steinbeile usw. nur positiv ansah. In Lothringen unterschied man kalte und warme Donnersteine, die kalten löschen eine Feuersbrunst, die warmen aber verursachen sie. In manchen Gegenden Burgunds werden die schädlichen Donnersteine tief in die Erde eingegraben, was an den Mythos erinnert, wo Thors Hammer vom Riesen Thrym gestohlen und in der Erde verborgen wird. Diese Überlieferung ist aber im Verhältnis der zahllosen entgegenstehenden Überlieferungen eher nicht als allgemeingültig anzusehen.

Da es in der kalten Jahreszeit keine Gewitter gibt, ist im Mythos der Hammer des Gewittergottes bei den Winterriesen und gelangt erst im Frühjahr zu dem Gott zurück. Es ist nun möglich, daß Donnersteine, die im Winter gefunden wurden, nicht auf den Gott, sondern die im Winter herrschenden Riesen bezogen wurden, mit entsprechend negativer Wirkung. Vielleicht kommt es auch auf die weiteren Umstände an, unter denen ein Donnerstein gefunden wird.

Alle diese Bräuche zeigen, welche Kraft man den Donnersteinen, also Steinäxten, Beilen, Hämmern, Donnerkeilen (Belemniten), runden Steinen (versteinerten Seeigeln, runde weiße Kieselsteine), Meteoritensteine, Keulen usw. zuschrieb. Durch Kulte, Weihungen und den Respekt vor der Kraft in dem Donnerstein kann man dazu beitragen, daß diese Kraft erhalten und gestärkt wird, während eine Profanisierung diese Kraft mindert und sich am Ende gegen den Träger des Donnersteines richten kann.

Kapitel 7

Das Hammerzeichen

In den Sagas (und in späteren Bräuchen) finden sich Schilderungen der Weihe eines Trankes; diese geschah aber nicht unter Verwendung eines Hammers, sondern es wurde mit der Hand das sog. „Hamarsmark" (Hammerzeichen) über dem Trank geschlagen. Bei der Weihe eines Mahles oder Tranks sollte zweierlei geschehen: Die riesischen Kräfte sollten abgewehrt werden, aber das Getränk sollte auch mit der lebensspendenden Kraft des Gottes versehen werden, dem der Trank geweiht wurde. In der Egils saga Skallagrimssonar heißt es[30]:

»Die Königin und Bard mischten da einen Trank mit Gift und brachten ihn herein. Bard weihte den Becher [mit dem Zeichen von Thors Hammer] und händigte ihn dann der Schenkin ein. Sie brachte ihn Egil und forderte ihn auf, zu trinken.«

Den eingeklammerten Teil finde ich nicht im Text der Haupthandschrift M (Möðruvallabók, Codex AM 132 fol.), es ist wohl eine Ergänzung aus einem der Fragmente (Codex AM 132 A fol.); es gibt 3 Handschriftengruppen (M, W und K) und viele Fragmente dieser Saga, die im Codex AM 132 zusammengefaßt werden.

Aber es gibt auch noch weitere Beispiele, nämlich die Hákonar saga góða[31]:

»Als aber der erste Becher geschenkt wurde, da sprach Jarl Sigurd über ihn. Er segnete den Becher für Odin und leerte dann, dem König zutrinkend, das Horn. Dann nahm es der König und machte das Zeichen des Kreuzes darüber. Da sprach Kar aus Gryting: „Wie tut der König so? Will er etwa nicht mehr opfern?" Jarl Sigurd erwiderte: „Der König macht es so wie alle, die an ihre eigne Macht und Stärke glauben und ihren Becher für Thor segnen. Denn er machte das Hammerzeichen über den Humpen, bevor er trank". So blieb alles diesen Abend ruhig.«

Hier wollen die Bauern, daß der christliche König mit ihnen das Fest feiert, wie es Brauch war, doch dieser will nicht. Das christliche Kreuzzeichen ähnelt offenbar so sehr dem Hammerzeichen Thors, daß die Zuschauer den Unterschied kaum bemerken konnten. In der Hallfredar saga weiht der schon christliche Hallfred auch einen Trunk mit dem Kreuz[32]:

»Hallfred blies ganz dem Glauben gemäß kreuzweise auf den Trunk, den er zu sich nahm, doch sang er selten nach Christenart.«

Es ist klar, daß die christliche Weihe mit dem Kreuz die heidnische Weihe mit dem Zeichen von Thors Hammer ersetzt hat. Bleibt die Frage, wie das Zeichen von Thors Hammer aussieht.

Abb. 30: Das Hammerzeichen aus mittelalterlichen Handschriften.

Aus dem Mittelalter stammt eine isländische Handschrift mit Zauberzeichen, in der sich eine Darstellung „Thórshamarr" findet, ein Zauberzeichen, welches zur Auffindung eines Diebes verwendet wurde. Dieses Zeichen (Abb. 30 links) ist eine Swastika (Hakenkreuz); da auch auf lappischen Zaubertrommeln die Swastika oder der Kreuzhammer als Symbol für Horagalles (Thor) steht und bei den Balten das Hakenkreuz das Zeichen des Perkunas ist, können wir davon ausgehen, daß das Zeichen von Thors Hammer tatsächlich die Swastika ist, die der Weihende mit der vermutlich rechten Hand über den zu weihenden Gegenstand, also das Horn mit dem Kultgetränk, schlug. Auf einigen C-Brakteaten (münzenartigen Goldanhängern), so dem von Seeland (Nr. 63) oder dem von Mekkenheim, Rheinland-Pfalz (IK 303) ist die Swastika neben einem Menschenantlitz und einem Tier mit Horn und Bart dargestellt, was man auf den Gott Thor mit Seinem Bock und dem Hammerzeichen deuten kann (s. Abb. 31). Noch in späterer Zeit wurde bei Grenzen das „Hamarsmark" eingehauen, welches ein Kreuz mit Haken war (Abb. 30 rechts), später aber wurden bekreuzte Eichen als Grenzzeichen verwendet.

Neben dem Hammerzeichen hat man allerdings auch einen richtigen Hammer verwendet, um Diebe zu finden. Auf Island brauchten Zauberer zum Herbeirufen von Dieben oder andern Zauberern einen Thorshammer. Treibt man einen Keil in den Kopf eines Thorshammers, zwingt man damit den Dieb, das Gestohlene zurückzubringen, andern-

Abb. 31: C-Brakteat von Meckenheim.

105

falls erblindet er. Ein dänischer Schmied zeichnete mit Kreide ein Auge auf die Straße und schlug mit seinem Hammer darauf. Er sagte zum Bestohlenen: „Der erste Einäugige, dem du begegnest, ist der Dieb; das eine Auge habe ich mit dem Hammer blind gemacht". In einem Hexenprozeß von 1627 sagte der Angeklagte, daß er einen Hammer besitze, mit dem er dem Diebe das Auge oder die Nase einschlagen könne. Es hilft auch gegen Diebe, einen Nagel mit dem Hammer in den Amboß zu treiben. In Galizien hängt man die Hacke (Beil, Axt) in der Stube auf, dann wird der Dieb gestellt. Ein Beil in den Hühnerstall gelegt, bringt verlorene oder gestohlene Hühner zurück.

Daß das Zeichen von Thors Hammer oder ein Hammer selbst bewirkt, daß man einen Dieb überführen kann bzw. das Gestohlene zurückerhält, erklärt sich aus dem Mythos: Thor wurde der Hammer gestohlen, und mithilfe seines Dienstmannes Loki erhält Er

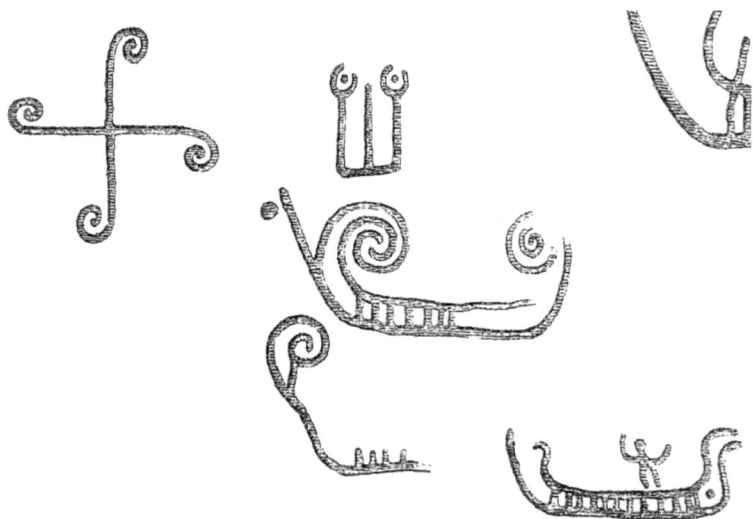

Abb.32: Felsbild von Tose, Kreis Tunge mit Hammerzeichen (Swastika).

ihn zurück. So erzählen es das Eddalied Thrymsqvida und die jüngeren nordischen Volkslieder, die diesen Mythos behandeln.

Im Brauchtum stellte man das Hammerzeichen auch dadurch dar, daß man zwei Hacken mit Stielen kreuzweise an der Schwelle hinlegte oder eine Hacke und einen Besen. Wer dann darüberging, erhielt den Schutz des Gottes.

Die Verbindung von Hammer und Swastika erschließt sich nicht einfach. Man hat an zwei übereinandergelegte Hämmer gedacht, da ja auch zwei Hakken im Brauchtum dieses Zeichen bilden. Schon auf einer Platte des Grabes von Kivik, Schonen, nordische Bronzezeit (1000 v. Ztw.) finden sich zwei Äxte dargestellt (Abb. 33). Da die Bronzeäxte meist paarig gefunden wurden und dort auch so dargestellt sind, ist hier an das Hammerzeichen zu denken; der Donnergott bei den Samen führt auch zwei Hämmer. Die zwei Äxte sind also auf den Donnergott zu deuten; ihre Darstellung hier sollte das Grab weihen.

Abb. 33: Grabplatte des Kivik-Grabes.

Oder man stellt sich einen fliegenden Hammer vor, der sich im Wurf dreht und – als Blitzsymbol – auch noch Funken sprüht. Zuletzt hat man versucht, zwischen der gemeinhin als Sonnensymbol betrachteten Swastika (Abb. 32, Felsbild von Tose) und dem Hammergott, der nach baltischem Glauben die Sonne (oder den Sonnenwagen) geschmiedet hatte, eine Verbindung herzustellen.

Meine eigene Deutung, für die ich teilweise deutliche Ablehnung erhielt, geht tatsächlich von einem Bumerang aus. Es gibt nämlich nicht nur den australischen Bumerang, der wie ein gebogenes Holzstück aussieht (besser bezeichnet als „Wurfholz"); es gibt auch Bumerangs, die vier Enden aufweisen und wie ein gleichseitiges Kreuz, oder Bumerangs mit drei Enden, die wie eine Triskele (Mercedesstern) aussehen (Abb. 34).

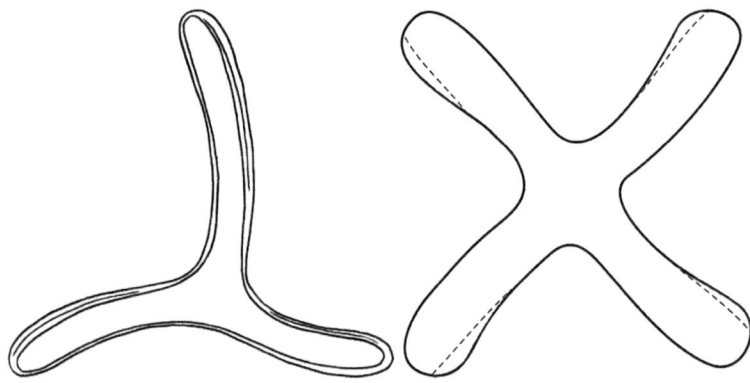

Abb. 34: Bumerangs, links mit drei, rechts mit vier Flügeln.

Jacob Grimm überlieferte uns eine Form des Hammerzeichens[33], welches der Swastika noch stärker ähnelt (Abb. 30 rechts) als die isländische Handschriftendarstellung, bei der der Schreiber wohl nicht sehr genau gewesen ist (Abb. 30 links). Das Zeichen wurde auch bei uns verwendet, z. B. auf der Möncheberger Speerspitze oder dem Runenring von Körlin; es heißt hier „Kreuzhammer", wobei darunter auch ein Hammer in Kreuzform verstanden wird, den die Kupferschmiede einst benutzten und der dem isländischen Thorshammeramulett (Abb. 5, S. 19) ähnelt. Mit dem „Kreuzhammer" oder „Hammerzeichen" wurden sogar noch alte Taufsteine versehen; Waffen, Geräte, Schmuck, Grabsteine und Urnen tragen das Zeichen von Thors Hammer. Als man die Minoritenkirche von

Köln erneuerte, fand man sechs Pferdeköpfe, welche rote und schwarze Ringe um die Augenhöhlen und ein aufgemaltes Hammer- und Kreuzeszeichen auf dem Vorhaupt trugen. So sollte dieser Kirchenbau durch Pferdeopfer, die mit dem Weihezeichen Thors versehen waren, geweiht werden. Der Kreuzhammer (Hakenkreuz) ist also ein dem christlichen Kreuz gleichbedeutendes heidnisches Zeichen des Hammers Thors.

Ein Brauch mit dem „Kreuzhammer" ist uns aus Westphalen erhalten[34]. An Petri Stuhlfeier (22. 2.) klopft morgens bei Sonnenaufgang der Hausherr mit einem Kreuzhammer an die Eckpfosten der Häuser und Ställe gegen Ungeziefer, wobei er spricht:

> *»Herus, herus, herus,*
> *Schlangen us Stall un Hus,*
> *Schlangen un Viemöllen*
> *hie nir herbergen söllen.*
> *Sant Peter un de liewe Frauen*
> *verbiet üch Hus un Hof un Au.*
> *Viemoll und Schlangen herus,*
> *über Land un Sand*
> *durch Lohf un Graß,*
> *durch Hecken un Strüch,*
> *In die diepen Kuhlen,*
> *da söllt ihr verfuhlen.«*

Man ging an diesem Tage auch dreimal um das Haus und schlug daran mit einem normalen hölzernen Hammer, gegen Ungeziefer.

Das Hammerzeichen findet auch im Weihnachtsbrauchtum seine Verwendung, denn es gab hakenkreuzförmige Kuchen, die in Smaland „Gullwagen" genannt werden und an Thors Wagen erinnern.

Auch das Julbrot wurde mit einem Hakenkreuz als Zeichen von Thors Hammer verziert.

Würde man eine Swastika aus dünnem, flachen Holz genau nachbauen und die Enden der Haken abflachen, würde das Gebilde ein flugtauglicher Bumerang werden.

Nach J. E. J. Lenochs[35] Ansicht ist die Erfindung des Bumerangs für Indien und den alten Orient wahrscheinlich und für Alteuropa sogar erwiesen. Er bezieht sich damit auf zwei historische Texte, im wesentlichen aber auf den von Isodorus Hispalensis, dem damaligen Bischof von Sevilla. Dieser schrieb im 7. Jh. in seinen „Origines"[36]:

»Der clava (Stock) – so beschaffen wie der des Hercules – ist er genannt worden, weil er mit eisernen Keulen auf beiden Seiten befestigt wurde; er hat eine Länge von einer halben Elle . Dies ist die cateia (Wurfkeule), die Horaz caia (Prügel) nannte. Es gibt nämlich eine Art eines gallischen Geschosses aus sehr biegsamen Material, das, wenn es geworfen wird, nicht lange fliegt, weil es so schwer ist, aber dennoch dort ankommt, und das nur mit viel Kraft zerbricht; wenn es nun aber von einem Meister geworfen wird, kehrt es wiederum zu dem zurück, der es geworfen hat. Vergil erinnert in seinen Worten daran: „Nach Art der Teutonen pflegte man Wurfkeulen zu schleudern". Von da rufen sowohl die Spanier als auch die Germanen diese „Teutonas".«

Mark Osipovič Kosven schreibt[37]:

»Auch der Urbevölkerung Ägyptens und den Germanen war schon der Bumerang bekannt.«

Und vom Leipziger Museum für Völkerkunde stammt die folgende Aussage[38]:

»Auch die spezielle Form des Bumerangs – heute nur noch in Australien zu finden – gab es in vielen Erdgebieten, z. B. auch bei den Germanen, und möglicherweise war Thors Hammer ein Bumerang!«

Und schließlich schreibt der Herausgeber der Philogischen Wochenschrift, F. Poland[39]:

»Der germanische Bumerang. Daß der Bumerang eine germanische Waffe war (Isidor von Sevilla, Ferguson, Damste) steht fest. Thors Hammer einzubeziehen ist kein folkloristischer Überschwang.«

Es sind nun auch mehrere kleine Thorshammer-Amulette gefunden worden, bei denen der Stiel und das Hammerstück gleichlang sind und die man – bei entsprechender Abflachung von Teilen des Randes – wie einen Bumerang werfen könnte (Abb. 35).

Warum nun aber wird der Trank mit dem Hammerzeichen und nicht mit einem realen Hammer geweiht, wie etwa die Braut bei ei-

Abb. 35: Breite Thorshämmer, links: Rømersdal, rechts: Ylipää.
Beschreibung auf S. 70.

ner Eheschließung? Das liegt daran, daß der Hammer eine Waffe ist und Waffen bei Kultfesten und in Tempeln und Heiligtümern nicht geführt werden durften. So nahm man das Zeichen des Hammers als Ersatz. Hochzeiten hingegen wurden früher im Hause gefeiert, da konnte dann ein richtiger Hammer verwendet werden.

Die beiden Petrusschlüssel, die kreuzweise übereinanderliegend dargestellt werden, sind der christliche Ersatz für das heidnische Hammerzeichen. Es sind immer dero zwei, was an sich unlogisch ist, da es ja nur ein Himmelstor gibt. Sie finden sich in vielen Wappen und Bildzeugnissen dargestellt, und zwar werden sie immer kreuzweise übereinandergelegt. Damit erinnert diese Darstellung an die Swastika, das Zeichen des geworfenen Hammers von Thor (Abb. 36).

Abb. 36: Petrischlüssel an einem Tor in Fritzlar.

Auf einer syrakusanischen Münze (Sizilien) ist das Hakenkreuz als Zeichen der Gewittergottheit aus vier Tümmlern gebildet[40].

Kapitel 8

Der Hammer im Recht

Der Gott Thor erwarb den Besitz der Erde, welchen er den Menschen vermittelt, durch den Hammerwurf. Der Hammerwurf bestimmt daher auch die Grenze des Besitzes. Die ältere Einteilung der Mark (dem Allgemeinbesitz) und Bestimmung ihrer Nutzung geschah durch Hammerteilung, gründet sich also auf Axt- oder Hammerwurf. Wer mehr Kraft hat, der vermag den Hammer weiter zu werfen und erhält dadurch ein größeres Stück des allgemeinen Landes zur Bewirtschaftung oder Nutzung. Es wird also entschieden, wieviel von der Mark dem einzelnen Privatmann abgetreten wird. Durch den Hammerwurf wurde das Recht auf Grund und Boden, auf Wasser und Flüsse oder andere Befugnisse bestimmt, wobei es nicht um die erste Besitznahme geht, sondern um Abgrenzung und Befugnis gegen die Nachbarschaft und deren Grundbesitz.

Der Hammerwurf geschah hinterrücks (über Rücken und Achsel), auch vorwärts, dann aber mit der rechten Hand unter dem linken Beine her; dabei muß die linke Hand an das rechte Ohr greifen oder z. B. einen Baumast, Türpfosten usw. anfassen. Der Wurf geschieht meist von einem erhöhten Standpunkt aus, z. B. einer Mauer, Zaun usw.; die Gegend, wohin geworfen wird, darf der Werfende nicht sehen. Der Hammerwurf in den Rhein war noch im 14. Jh. bekannt.

Der Hammerwurf geschah auch vom Pferde aus. Nach dem Bayerischen Gesetz (lex bajuv.) durfte der Hammerwurf nur nach drei Seiten erfolgen, nach Osten, Westen und Süden, nicht aber nach Norden, wo der Schattenfall allein die Grenze bezeichnen soll. Dies ist ein Relikt des heidnischen Glaubens, wonach die Mitternachtsseite Unglück bedeutet, da es der Ort ist, wo sich auch das Totenreich der Hel befindet.

In einem alten Rechtstext[41] heißt es:

»unser herre von Menz – selber mit eime ros sal riten in den Rin so ferre er mag und wie ferre er dan mit eime hufhammer gewerfen moge, oder mit eime spere geschießen in den Rin, so ferre get sein gerechtigkeit und friheit an der stat.«

Eine Anweisung zum Hammerwurf findet sich hier[42]:

»Wenn einem Privato von den Markgenoßen beim Vergleiche ein Strich Landes zugestanden wird, geschiehet das Befangen auf folgende Art: Der Privatus oder einer von seinen Leuten nimmt den Hammer aus dem Wagen und wirft ihn durch das linke Bein so weit er werfen kann. So weit er wirft, so viel wird dem Privato Privative abgetreten. Dies heißt der Hammerwurf, und er hat sowohl bei Ländereien als Holzungen statt, das Stück Landes des Privati, das an die Gemeinheit anstößt, heißt Ortland.«

Auch von einem Wagen aus geschah der Hammerwurf, wobei auch hier der Hammer unter dem linken Bein hindurchgeworfen werden mußte. Soweit der Wurf reichte, soviel wurde dem Werfer als Eigentum vom Gemeindebesitz abgetreten.

Den Hammerwurf finden wir nur bei Germanen, nicht bei andern Völkern.

Abb. 37: Verschiedene eifachere Thorshämmer-Amulette. Unten links aus Blåvand, Skallingen, Dänemark, unten rechts aus Haithabu, alle anderen aus Tissø, Dänemark. Siehe Beschreibung S. 70.

Der Hammer war auch gerichtliches Zeichen: Durch Herumsendung eines (hölzernen) Hammers im Sonnenlauf (von Osten nach Westen) rief in einigen Gegenden der Richter die Gemeinde zusammen, so in Obersachsen. In Lindenthal in Sachsen ließ der Richter einen Klöppel ins nächste Gut geben; der Nachbar sendet ihn in den andern Hof und so jeder weiter. Der ihn bringt, darf nicht von der Türe weggehen, bevor es der Nachbar hört. In alter Zeit war neben dem Dienstag der Donnerstag der Hauptgerichtstag, und der Donnerstag galt als Festtag, an dem man sich besonders gut kleidete. Unser Wort „aufgedonnert" für einen sehr gut gekleideten Menschen kommt daher. An Donnerstagen wurden die wichtigsten nordischen Thinge eröffnet; zum isländischen Allthing hatten alle Goden (Priester) in der Donnerstagsnacht vor Sonnenaufgang sich einzustellen.

Noch bei der Ladung zum mittelalterlichen Femgericht gab es drei Hammerschläge an der Türe des zu Ladenden. Im altdeutschen Recht heiligt der Hammerwurf den Erwerb.

Bei gerichtlichem Güterverkauf gibt der Richter den Zuschlag mit einem Hammer, was dann Auktionshäuser übernommen haben: Der Auktionator bei einer Auktion schlägt mit dem Hammer auf den Tisch, wenn der Höchstbietende den „Zuschlag" erhält.

Im angelsächsischen Gericht nutzt der Richter den Hammer, um Ruhe einzufordern und schlägt auf ein rundes Plättchen (um den Tisch zu schonen), wenn das Urteil gesprochen ist.
Als im Jahre 1556 eine Verschwörung des bayerischen Adels ruchbar wurde, fordert der Herzog die Siegelringe der Verschwörer, läßt die mit ihren Wappen gravierten Steine herausnehmen und zerschlägt sie mit dem Hammer als Zeichen, daß die Lehen eingezogen wurden.

Als Arm-Not (gebrechlich) galt, wenn einer „Homerhaldande" war, also keinen Hammer mehr halten kann.

Wenn Bauherren und Politiker den Grundstein eines neuen Gebäudes legen, dann mauern sie eine Dose mit aktuellen Zeitungen und anderen Unterlagen ein und schlagen dann einmal oder dreimal mit einem Hammer auf den Grundstein. Diese Hammerschläge sind sowohl weihend, stellen aber auch einen Aneignungsritus dar, und durch den Lärm werden böse Geister vertrieben.

Der Maurer auf dem Kirchturm warf bei Vollendung des Baues den Hammer.

Vermutlich leisteten die Heiden in Deutschland auch Eide bei dem Steinhammer oder Keil des Donnergottes. Nach einer Mitteilung soll man auch beim Donnerkeil geschworen haben; jedenfalls ist der Schwur bei „Gods helege Steenen" bezeugt, und das kann sich nur auf Donnersteine beziehen.

Auch in der Freimaurerei hat sich das Ritual mit dem Hammer bis heute erhalten. Der vorsitzende Meister einer Loge und die beiden Aufseher führen zum Zeichen ihrer Würde einen Hammer. Der Meister vom Stuhl nimmt Beratungsgegenstände „unter den Hammer"; sein Hammerschlag eröffnet und schließt die Arbeit. Mit dem Hammer bezeichnet er die einzelnen Abschnitte brauchtümlicher Vorgänge; mit der Kraft des Hammers weiht er Neulinge ein, erteilt auch Weihen in höhere Grade. Seinem Hammerschlag hat die Loge unbedingt zu folgen.

Meistens wird der Freimaurer-Hammer als ein Spitzhammer und zusammen mit einem rohen, unbehauenen Stein dargestellt. Er gilt in der Freimaurerei als ein symbolisches Werkzeug, mit dem jeder

Freimaurer an seinem Charakter arbeiten soll, damit der rauhe Stein (Charakter) zu einem behauenen Stein, einem besseren Menschen wird.

Anmerkungen

1 Duden Etymologie – Herkunftswörterbuch der deutschen Sprache, Mannheim, Wien, Zürich 1963, S. 247;

2 Paul Hermann, Deutsche Mythologie in gemeinverständlicher Darstellung, Leipzig 1898, S. 345;

3 Hanns Bächtold-Stäubli (Hrsgb.), Handwörterbuch des deutschen Aberglaubens, Berlin 1932, Band III, Spalte1373;

4 Wilhelm Mannhardt, Germanische Mythen, Forschungen. Berlin 1858, S. 180;

5 J.C.M. Laurent, W. Wattenbach (Übers.), Adam von Bremen, Hamburgische Kirchengeschichte, Essen Stuttgart 1986, Buch 4, Kap. 26;

6 Rudolf Steiner, Die Mission einzelner Volksseelen im Zusammenhang mit der germanisch-nordischen Mythologie, Dornach 1994, S. 146f;

7 Jan Knappert, Lexikon der Indischen Mythologie, Weyarn 1997, S. 309 ;

8 Victor von Andrejanoff (Übers.), Lettische Volkslieder und Mythen, Halle 1896, S. 97;

9 Jolanta Mackova, Der ausgegrabene Himmel – Lettische Mythologie für Kinder, Riga 1995, S. 21 bzw. 13;

10 wie (9), S. 22 bzw. 14;

11 Krišjānis Barons, Latvju Dainas, Riga 1984, S. 491;

12 Jonas Trinkunas, The Outline of Lithuanian Mythology and Folklore, Vilnius, S. 34). ;

13 Jonas Trinkunas, Of Gods & Holidays, Vilnius 1999, S. 70f;

14 Lucanus, Pharsalia I. 444-446;

15 Friedrich Schönwerth, Aus der Oberpfalz, Sitten und Sagen, Augsburg 1857-59, I, 146;

16 Paul Herrmann, Erläuterungen zu den ersten 9 Büchern des Saxo Grammaticus, Leipzig 1901, Gesta Danorum Lib. III;

17 Ludwig Uhlands sämtliche Werke, Stuttgart, Leipzig o. J, S. 747;

18 Leopold Weber, Die Götter der Edda, München 1934, S. 42f, 45, 47, 66 (Name angepaßt);

19 George Dumézil, Gods of the Ancient Northmen, Berkeley 1977;

20 Géza von Neményi, Lieder der Vorzeit – Götterlieder, Heldenlieder und alte Volkslieder, Norderstedt 2013, S. 25;

21 Géza von Neményi, Heilige Runen – Zauberzeichen des Nordens, Ullstein, München 2003, S. 234f;

22 wie (21), S. 232ff;

23 Felix Niedner (Übers.), Grönländer und Färinger Geschichten, Sammlung Thule Band XIII, Düsseldorf, Köln 1965, Kap. 25, S. 253;

24 Elard Hugo Meyer, Germanische Mythologie, Berlin 1891, S. 431;

25 Karl Müllenhoff, Sagen, Märchen und Lieder der Herzogtümer Schleswig-Holstein und Lauenburg, Kiel 1845, S. 268 Nr. 360;

26 Adalbert Kuhn, Sagen, Gebräuche und Märchen aus Westfalen ..., Leipzig 1859, Bd. I, S. 193, Nr. 213;

27 wie (25), S. 603;

28 Fornmanna sögur 10, 178;

29 Jacob Grimm, Deutsche Mythologie, Berlin 1875-78, Band 3, S. 460 Nr. 752, 468, 927);

30 Felix Niedner (Übers.), Die Geschichte vom Skalden Egil, Sammlung Thule Band 3, Jena 1923, Kap. 44, S. 116;
Kurt Schier (Übers..), Die Saga von Egil, Saga Band 1, Düsseldorf, Köln, 1978, S. 114;

31 Felix Niedner (Übers.), Snorris Königsbuch (Heimskringla), Sammlung Thule Bd. 14, Düsseldorf, Köln, 1965, S. 153;

32 Felix Niedner (Übers.), Vier Skaldengeschichten, Sammlung Thule Bd. 9, Düsseldorf, Köln, 1964, S. 237;

33 wie (29), Seite N. 67;

34 wie (26), S. 122;

35 J. E. J. Lenoch, Wurfholz und Bumerang, Wien 1949;

36 Isodor von Sevilla, Origines, Übersetzt von Beate Rodenberg;

37 Mark Osipovič Kosven, Abriß der Geschichte und Kultur der Urgesellschaft, Deutscher Verlag der Wissenschaften, 1957, S. 60;

38 Museum für Völkerkunde, Waffen der Südseevölker, Leipzig 1965 , S. 10;

39 F. Poland (Hrsgb.), Philogische Wochenschrift, Band 55, 1935, S. 189;

40 Gerhard Rohlfs, Sprache und Kultur, Braunschweig, Berlin, Hamburg 1928;

41 Jacob Grimm, Deutsche Rechtsaltertümer, 2 Bde., Berlin 1956, Band 1, S. 78;

42 wie (41), Band 1, S. 79;

Abbildungsnachweis:

1: Brockhaus Konversations-Lexikon, Leipzig 1896 – 3, 6, 7, 9, 20, 26, 27, 31, 34, 35, 36: Archiv des Verfassers, eigene Bilder, eigene Bearbeitungen – 4, 11, 18: Herbert Gottschalk, Lexikon der Mythologie, München 1979 – Titelbild, 4: Historiska Nyheter, Statens Historiska Museum 1983, Sören Hallgren – 5: Museum für Vor- und Frühgeschichte, Wikinger Waräger Normannen, Berlin 1992 – 8, 33: Otto Sigfrid Reuter, Das Rätsel der Edda, Sontra 1922, Bad Berka 1923 – 10: Jan De Vries, Altgermanische Religionsgeschichte, Berlin 1956 – 12: Sylvia u. Paul F. Botheroyd, Lexikon der keltischen Mythologie, München 1992 – 13, 14: Giovanni Caselli, Götter und Helden der Wikinger, Eurobook Ltd., 1978 – 15, 20: Wilhelm Wägner, Germanische Göttersagen, Leipzig 1907 – 16, 17, 25: Géza von Neményi, Heilige Runen – Zauberzeichen des Nordens, München 2004 – 4, 19: Anders Bæksted, Goð og Hetjur í heiðnum sið, Copenhagen 1986 – 21: Deutsches Historisches Museum, Wahlverwandtschaft – Skandinavien und Deutschland 1800 bis 1914, Berlin 1997 – 22, 23, 32: Folkwang-Verlag (Hrsgb.), Schwedische Felsbilder von Göteborg bis Strömstad, Hagen 1919 – 24: Collection of the Archaeological and Historical Museum in Elbląg, Photo: L. Okonski – 28 (oben): Jutta Grudziecki, Kulturhistorisches Museum der Hansestadt Stralsund – 28 (unten): GIM 49876 1091/20 © The State Historical Museum, Moscow – 29, 37 (teilweise): © The National Museum of Denmark – 37 (unten rechts): © Wikinger Museum Haithabu – 30 (links): Jon Arnason, Islenzkar Þjóðsögur og Aevintyri, 1954 – 30 (rechts): Jacob Grimm, Deutsche Mythologie, Berlin 1875-78.

Weitere Bücher des Verfassers

Árpád von Nahodyl Neményi (Übers.), Götterlieder der Edda – altnordisch und deutsch, BoD Norderstedt 2017, ISBN 978-3-7448-1008-1, 16,80 €;

Árpád von Nahodyl Neményi (Übers.), Heldenlieder der Edda – altnordisch und deutsch, BoD Norderstedt 2018, ISBN 978-3-7528-5722-1, 16,80 €;

Árpád von Nahodyl Neményi (Übers.), Die Jüngerer Edda – altnordisch und deutsch, BoD Norderstedt 2017, ISBN 978-3-7448-9974-1, 14,80 €;

Árpád von Nahodyl Neményi, Kommentar zur Jüngeren Edda, BoD Norderstedt 2016, ISBN 978-3-7431-8114-4, € 19,80.

Géza von Neményi, Kommentar zu den Götterliedern der Edda – Teil 1, Die Odinslieder, Kersken-Canbaz-Verlag, Holdenstedt 2008, ISBN 978-3-89423-133-0, 29,80 €.

Géza v. Neményi, Kommentar zu den Götterliedern der Edda – Teil 2, Die Thorslieder, Kersken-Canbaz-Verlag 2012, ISBN 978-3-89423-133-0, 22,90 €.

Géza von Neményi, Kommentar zu den Götterliedern der Edda – Teil 3, Die Vanenlieder, Kersken-Canbaz-Verlag, Holdenstedt 2014, ISBN 978-3-89423-136-1, 27,80 €.

Géza von Neményi, „Götter, Mythen, Jahresfeste – Heidnische Naturreligion", Reihe Altheidnische Schriften, Kersken-Canbaz-Verlag 2004, ISBN 3-89423-125-4, 23,90 €.

Árpád von Nahodyl Neményi, Die Externsteine – Sagen, Überlieferungen, Erkenntnisse, Reihe Altheidnische Schriften, BoD Norderstedt 2018, Großformat, 70 meist farbige Abb., ISBN 978-3-7460-0671-0, 28,- €.